Neoliberalismo, qualidade total e educação

Dados Internacionais de Catalogação na Publicação (CIP)
(Câmara Brasileira do Livro, SP, Brasil)

Neoliberalismo, qualidade total e educação : visões críticas / Pablo A.A. Gentili, Tomaz Tadeu da Silva (organizadores). 15. ed. – Petrópolis, RJ: Vozes, 2015.

Vários autores.
Bibliografia.

7ª reimpressão, 2023.

ISBN 978-85-326-1308-0

1. Avaliação educacional 2. Neoliberalismo 3. Qualidade total – Gerenciamento I. Gentili, Pablo A.A. II. Silva, Tomaz Tadeu da.

07-8581   CDD-370.783

Índices para catálogo sistemático:

1. Avaliação educacional : Educação   370.783

Pablo A.A. Gentili
Tomaz Tadeu da Silva
(orgs.)

Gaudêncio Frigotto
Mariano Fernández Enguita
Michael W. Apple

Neoliberalismo, qualidade total e educação

Visões críticas

Tradução do capítulo 4: Vânia Paganini Thurler
Tradução dos capítulos 3 e 5: Tomaz Tadeu da Silva

EDITORA VOZES

Petrópolis

© 1994, Editora Vozes Ltda.
Rua Frei Luís, 100
25689-900 Petrópolis, RJ
www.vozes.com.br
Brasil

Todos os direitos reservados. Nenhuma parte desta obra poderá ser reproduzida ou transmitida por qualquer forma e/ou quaisquer meios (eletrônico ou mecânico, incluindo fotocópia e gravação) ou arquivada em qualquer sistema ou banco de dados sem permissão escrita da editora.

CONSELHO EDITORIAL

Diretor
Volney J. Berkenbrock

Editores
Aline dos Santos Carneiro
Edrian Josué Pasini
Marilac Loraine Oleniki
Welder Lancieri Marchini

Conselheiros
Elói Dionísio Piva
Francisco Morás
Gilberto Gonçalves Garcia
Ludovico Garmus
Teobaldo Heidemann

Secretário executivo
Leonardo A.R.T. dos Santos

Editoração e organização literária: Ana Lúcia Kronemberg
Capa: HiDesign Estúdio

ISBN 978-85-326-1308-0

Este livro foi composto e impresso pela Editora Vozes Ltda.

Sumário

SOBRE OS AUTORES · · · · · · · · · · · · · · 7

CAPÍTULO 1
A "nova" direta e as transformações na pedagogia da política
e na política da pedagogia · · · · · · · · · · · · · · 9
Tomaz Tadeu da Silva

CAPÍTULO 2
Educação e formação humana: ajuste neoconservador e
alternativa democrática · · · · · · · · · · · · · · 31
Gaudêncio Frigotto

CAPÍTULO 3
O discurso da qualidade e a qualidade do discurso · · · · 93
Mariano Fernández Enguita

CAPÍTULO 4
O discurso da "qualidade" como nova retórica conservadora
no campo educacional · · · · · · · · · · · · · · 111
Pablo A.A. Gentili

CAPÍTULO 5
O que os pós-modernistas esquecem: capital cultural e
conhecimento oficial · · · · · · · · · · · · · · 179
Michael W. Apple

Sobre os autores

- **Gaudêncio Frigotto**

Professor da Faculdade de Educação da Universidade Federal Fluminense. Entre suas diversas publicações destaca-se *A produtividade da escola improdutiva*, Editora Cortez.

- **Mariano Fernández Enguita**

Professor do Departamento de Sociologia da Universidade Complutense de Madri. De seus vários livros encontram-se traduzidos para o português: *A face oculta da escola* (Editora Artes Médicas) e *Escola, trabalho e ideologia* (Editora Artes Médicas).

- **Michael W. Apple**

Professor do Departamento de Currículo e Instrução e do Departamento de Estudos de Política Educacional da Universidade de Wisconsin. Estão traduzidos para o português os seguintes livros de sua autoria: *Currículo e ideologia* (Editora Brasiliense), *Educação e poder* (Editora Artes Médicas) e *Trabalho docente e textos* (Editora Artes Médicas).

- **Pablo A.A. Gentili**

Pesquisador do *Deutscher Akademischer Austauschdienst*, com sede na Universidade Federal Fluminense. Publicou pela Editora Mio y Dávila, de Buenos Aires, o livro *Poder económico, ideología y educación*.

- **Tomaz Tadeu da Silva**

Professor do Departamento de Ensino e Currículo da Universidade Federal do Rio Grande do Sul, Porto Alegre. Publicou o livro *O que produz e o que reproduz em educação*, e organizou os livros *Trabalho, educação e prática social: por uma teoria da formação humana* (Editora Artes Médicas) e *Teoria educacional crítica em tempos pós-modernos* (Editora Artes Médicas).

CAPÍTULO 1

A "nova" direta e as transformações
na pedagogia da política e
na política da pedagogia

Tomaz Tadeu da Silva

Capítulo 1

"**G**ibi divulga liberalismo nas escolas". Com esta manchete a *Folha de S. Paulo* (15/03/1994) noticia a distribuição, nas escolas da rede pública da cidade de São Paulo, de uma história em quadrinhos da *Turma da Mônica* destinada a ensinar às crianças os "fundamentos do liberalismo". O jornal ilustra a matéria com alguns dos quadros dessa cartilha em forma de gibi que, segundo a notícia, é editada por um certo Instituto Liberal. Numa dessas sequências, com o suposto objetivo de mostrar às crianças as causas da inflação, lê-se: "Antigamente o governo era responsável somente pela segurança interna e externa... Depois, pegou outras atribuições... Educação... Saúde... Previdência" (Deixemos de lado, mas não por ser irrelevante, a política de representação desses setores e das pessoas envolvidas corporificada nos desenhos – no quadrinho encimado pela palavra "Educação" uma mulher de vestido justo e curto e sapato alto aponta com uma vara para o quadro-negro onde está escrita a expressão "4x2"; no que ilustra a Previdência há um homem idoso, calvo, com um cachecol em torno do pescoço, supostamente recebendo o pagamento mensal de sua aposentadoria num guichê).

A notícia é importante porque ilustra diversas das características do presente ataque conservador e liberal à educação pública e a outros elementos da esfera pública da (frágil) democracia capitalista em que vivemos. Em primeiro lugar, a cartilha é uma demonstração bastante didática do discurso liberal que atribui à intervenção do Estado e à esfera pública todos os males sociais e econômicos de nossa atual situação e à livre iniciativa todas as virtudes que podem conduzir à regeneração e recuperação da democracia, da economia e da sociedade. Nessa operação, os existentes defeitos da vida política e social são separados de qualquer conexão com o presente modo de organização econômica (o capitalismo) e vinculados tão somente a uma suposta tendência estatizante e burocratizante de seu modo de organização política. Corrupção, ineficiência, desperdício são excrescências que sequer podem ser traçadas a algum possível mal funcionamento da dinâmica capitalista; elas são atribuídas, ao invés disso, a uma "política" pública que curiosamente nada deve a seu núcleo econômico. É obviamente importante nesse processo de construção da hegemonia do discurso liberal/empresarial/capitalista a criação de novas expressões e termos e a redefinição de velhos *slogans* e palavras e sua vinculação respectivamente positiva ou negativa ao campo bom (o capitalismo, a livre iniciativa, os empresários, e suas inerentes virtudes) ou ao campo mau (a intervenção estatal, os movimentos sociais, os funcionários públicos, os políticos e seus essenciais defeitos).

Em segundo lugar, a cartilha do Instituto Liberal demonstra o papel estratégico que tem a educação no projeto neoliberal. Nesse projeto, a intervenção na educação com vistas a servir aos propósitos empresariais e industriais tem duas dimensões principais. De um lado, é central, na reestruturação buscada pelos ideólogos neoliberais, atrelar a educação institucionalizada aos objetivos estreitos de preparação para o local de trabalho. No léxico liberal, trata-se de fazer com que as escolas preparem melhor seus alunos para a competitividade do mercado nacional e internacional. De outro, é importante também utilizar a educação como veículo de transmissão das ideias que proclamam as excelências do livre mercado e da livre iniciativa. Há um esforço de alteração do currículo não apenas com o objetivo de dirigi-lo a uma preparação estreita para o local de trabalho, mas também com o objetivo de preparar os estudantes para aceitar os postulados do credo liberal.

Por último, a cartilha paulistana demonstra a importância estratégica que assume no projeto liberal de conquista de hegemonia a utilização dos meios de comunicação de massa. Essa utilização se traduz não apenas no controle desses meios e em tomar as escolas como um mercado-alvo para os produtos e meios da cultura de massa, mas também em utilizá-los como canal de transmissão da doutrina liberal. O exemplo do gibi da *Turma da Mônica* ilustra *esse* último aspecto, já que aparentemente a cartilha é distribuída gratuitamente, tendo sido patrocinada por algumas poderosas empresas (Bradesco, Citibank, Unibanco, Shopping Eldorado, Metalac). Mas a exemplo de muitos outros setores, em que a pregação liberal e empresarial castiga a obtenção de vantagens através do Estado, mas utiliza-o como mercado preferencial (para não falar do suborno que pode estar-lhe associado), aqui também é de se esperar que as escolas estatais sejam utilizadas como mercado para produtos didáticos e paradidáticos – a indústria editorial de livros didáticos é já um exemplo disso. As operações de fundações tais como a Fundação Victor Civita e a Fundação Roberto Marinho são ilustrações claras dessa tendência. Enquanto os veículos de seus braços comerciais (Abril e Globo) condenam a participação do Estado e proclamam as virtudes da iniciativa privada, suas filiadas "desinteressadas" servem de balcão de venda ao Estado, isso quando não se aproveitam de subsídios estatais para a produção de seus artefatos culturais. É de se esperar também que a informática faça parte dessa equação ligando educação e mercado, com as escolas servindo como forma de expansão e de lucros para a comercialização de produtos da indústria informática tanto em forma de *hardware* quanto de software (KENWAY, BIGUM & FITZCLARENCE, 1993).

Evidentemente a estratégia neoliberal de conquista hegemônica não se limita ao campo educacional, embora ele ocupe aí um lugar privilegiado, como um dos muitos elementos passíveis de serem utilizados como técnica de governo, regulação e controle social. O que estamos presenciando é um processo amplo de redefinição global das esferas social, política e pessoal, no qual complexos e eficazes mecanismos de significação e representação são utilizados para criar e recriar um clima favorável à visão social e política liberal. O que está em jogo não é apenas uma reestruturação neoliberal das esferas econômica, social e política, mas uma reelaboração e redefinição das próprias formas de representação e significação social. O projeto neoconservador e neoliberal envolve, centralmente, a criação de um espaço em que se torne impossível pensar o econômico, o político e o social fora das categorias que justificam o arranjo social capitalista. Nesse espaço hegemônico, visões alternativas e contrapostas à liberal/capitalista são reprimidas a ponto de desaparecerem da imaginação e do pensamento até mesmo daqueles grupos mais vitimizados pelo presente sistema, cujos males, estranhamente, são atribuídos não ao seu núcleo econômico – capitalista –, mas ao suposto fato de que ainda não é suficientemente capitalista. Não é irrelevante a esse processo de redefinição das categorias com que pensamos o espaço social a tradução de questões sociais e políticas em questões de moralidade pública, de conduta e de assistencialismo social. Nessa redefinição a solução dessas questões é, além disso, deslocada do espaço público, social e político e é ressituada no âmbito da iniciativa individual. Embora não central ao projeto ideológico neoliberal, essa translação é convergente com seus objetivos na medida em que desloca formas mais radicais, mais públicas e mais políticas de categorizar e definir o político e o social, reduzindo, por conseguinte, ainda mais o espaço em que alternativas mais abertamente transgressivas e ameaçadoras ao *status quo* podem ser formuladas e realizadas. Em seu conjunto, esse processo faz com que noções tais como igualdade e justiça social recuem no espaço de discussão pública e cedam lugar, redefinidas, às noções de produtividade, eficiência, "qualidade", colocadas como condição de acesso a uma suposta "modernidade", outro termo, aliás, submetido a um processo de redefinição. É preciso perguntar: quais questões e noções são reprimidas, suprimidas ou ignoradas quando um discurso desse tipo se torna hegemônico? Que visões alternativas de sociedade deixam de circular no imaginário pessoal e social?

Se quisermos compreender as estratégias que o projeto neoliberal no Brasil tem reservadas para a educação, é importante também compreender que esse processo é parte de um processo internacional mais amplo. Numa era de globalização e de internacionalização, esses projetos nacionais não podem ser compreendidos fora de sua dinâmica internacional. A presente tentativa nacional de conquista hegemônica apenas segue, talvez de forma atrasada, um processo que se inaugurou em países centrais como os Estados Unidos e Inglaterra com os primeiros governos de Ronald Reagan e Margaret Thatcher. A construção da política como manipulação do afeto e do sentimento; a transformação do espaço de discussão política em estratégias de convencimento publicitário; a celebração da suposta eficiência e produtividade da iniciativa privada em oposição à ineficiência e ao desperdício dos serviços públicos; a redefinição da cidadania pela qual o agente político se transforma em agente econômico e o cidadão em consumidor, são todos elementos centrais importantes do projeto neoliberal global. É nesse projeto global que se insere a redefinição da educação em termos de mercado, como veremos mais adiante.

Há estratégias neoliberais específicas para a educação institucionalizada, mas é preciso pensar também no ataque liberal como uma espécie de pedagogia mais ampla que tira vantagem da compreensão que a nova direita tem das tecnologias de manipulação do afeto, do desejo e da cognição. Um projeto alternativo que possa servir de contraposição à ofensiva neoliberal não terá nenhum sucesso se não compreender primeiro como funciona essa nova economia do afeto e do sentimento, na qual a apropriada utilização da mídia adquire um papel central. Collor representou a manifestação mais refinada dessa habilidade, mas, contrariamente à interpretação corrente, essa nova definição da pedagogia dos sentimentos populares não se extinguiu com ele. É por isso que é extremamente importante que um projeto alternativo não se limite a discutir o conteúdo das propostas neoconservadoras e neoliberais, mas que se concentre também nas formas pedagógicas pelas quais esse projeto busca conquistar o apoio popular. Qualquer tentativa intelectualista e racionalista de apenas refutar de forma lógica os "argumentos" neoliberais está longe de compreender os mecanismos envolvidos na economia política dos sentimentos populares habilidosamente utilizada pelos pedagogos da livre iniciativa e do livre mercado. A luta entre sistemas alternativos de sociedade não é uma luta intelectual entre atores bem-intencionados para determinar qual o melhor sistema de sociedade – apesar de Habermas e seus apelos liberais em favor da ação comunicativa –, mas uma luta em torno de recursos materiais, na qual uma variedade de instrumentos culturais e simbólicos são utilizados para produzir visões e conceitos sociais conflitantes. Esse aspecto "educativo" e pedagógico da presente ofensiva liberal também escapará àqueles que se concentrarem apenas em suas propostas explicitamente educacionais, isto é, em suas propostas para a educação institucionalizada. Como nos lembra Lawrence Grossberg (1989), há uma política da pedagogia, mas há também uma pedagogia da política. Esquecer uma pode enfraquecer a luta na outra.

A presente ofensiva neoliberal precisa ser vista não apenas como uma luta em torno da distribuição de recursos materiais e econômicos (o que ela também é), nem como uma luta entre visões alternativas de sociedade (1989), mas sobretudo como uma luta para criar as próprias categorias, noções e termos através dos quais se pode nomear a sociedade e o mundo. Nesta perspectiva, não se trata apenas de denunciar as distorções e falsidades do pensamento neoliberal, tarefa de uma crítica tradicional da ideologia (ainda válida e necessária), mas de identificar e tornar visível o processo pelo qual o discurso neoliberal produz e cria uma "realidade" que acaba por tornar impossível pensar e nominar uma outra "realidade". O que estamos presenciando atualmente é um processo no qual o discurso liberal acaba por fixar as formas como podemos pensar a sociedade e, nesse processo, termina por nos fixar a nós próprios como sujeitos sociais. As categorias neoliberais constituem aquilo que Thomas Popkewitz chama de "epistemologia social", isto é, um conjunto de noções e termos que constrangem a forma como podemos pensar a sociedade. "As palavras", diz Thomas Popkewitz (1993a), "são parte de sistemas de regras [...] que governam que tipo de fala sobre a educação é possível, quais pessoas devem ser consideradas como sérios interlocutores e como o desejo, o querer e a cognição devem ser construídos". Esse é um processo pedagógico e educativo no sentido mais amplo, um processo que tem também suas consequências para a educação em seu sentido mais restrito.

Em muitos aspectos a presente ofensiva conservadora em relação à educação é semelhante àquela que esteve associada aos projetos educacionais da ditadura militar. Aparentemente, por exemplo, as ideias envolvidas no conceito de *qualidade total* podem ser remontadas àquilo que se convencionou chamar, naquela conjuntura, de *tecnicismo educacional*. Não por acaso, a grande ideóloga e propagadora da "filosofia" da qualidade total no Brasil, Cosete Ramos, foi autora, naquele período, de um conjunto de livretos intitulados *Engenharia da instrução* – lá, como aqui, montada na burocracia do Ministério da Educação e Cultura. Mas a analogia e aproximação serão profundamente enganosas se não levarem em conta as profundas mudanças na configuração global do campo econômico, social e político. As condições de produção e disseminação do discurso da "tecnologia educacional" são essencialmente diferentes das condições em que se enuncia o discurso educacional neoliberal. Consequentemente, as "armas da crítica" não podem ser as mesmas e é talvez por isso que a *esquerda educacional* tenha se mostrado tão lenta e impotente frente à ofensiva neoliberal. Para voltar aos atores pessoais do drama ideológico, também não será por acaso que, embora alguns desses atores voltem à cena na mesma posição, outros atores se apresentem agora no campo oposto, engrossando aquela considerável legião de intelectuais e cientistas sociais de esquerda que se transformaram em neoconversos da livre iniciativa e da "modernização" (naturalmente, como todo neoconverso, demonstrando uma fé muito mais ardente que a dos fiéis originais); neoconversos que se juntam a emergentes ideólogos educacionais da direita, a tecnólogos educacionais reciclados e a participantes do golpe militar travestidos de neoliberais para propagar o novo credo educacional liberal. Entre essas condições transformadas, há uma nova economia do afeto e do sentimento, uma forma nova e muito mais sutil de envolvimento e engajamento dos sujeitos e das consciências que a crítica tradicional, baseada em noções racionalistas e instrumentais de poder e interesse, pode ser incapaz de perceber, captar, penetrar e contestar. Essa nova configuração da manipulação e administração das energias e dos investimentos afetivos, com finalidades políticas, está no âmago da dinâmica cultural e tem sido muito mais bem compreendida e utilizada pela direita que pela esquerda. Essas novas formas de constituição da identidade pessoal e social partem de uma compreensão muito precisa do papel da chamada cultura de massa. Nessa compreensão, os chamados meios de comunicação não são vistos propriamente como meios de "comunicação" ou como meios de representação da realidade, mas como meios de fabricação da representação e de envolvimento afetivo do/a "espectador/a" e do/a "consumidor/a".

É parte essencial dessa representação apresentar as vantagens de um Estado mínimo e de menos governo. A retórica liberal pode pregar um Estado mínimo e menos governo exatamente porque a constituição histórica da sociedade capitalista pode ser equacionada com a dispersão dos centros de poder e de governo das populações, embutidos numa série de dispositivos institucionais e em inúmeros mecanismos da vida cotidiana. A aliança neoconservadorismo/neoliberalismo não dispensa o controle e a regulamentação central da vida das populações – Estado mínimo na retórica liberal significa apenas menos regulamentação da atividade econômica do capital, mas na sociedade contemporânea eles já não são mesmo centralizados. A educação institucionalizada é justamente um desses mecanismos de normalização e controle que embora estatal e estatalmente regulamentada não opera fundamentalmente através de mecanismos diretos de controle social. Assim, a estratégia liberal de retirar a educação institucionalizada da esfera pública e submetê-la às regras do mercado significa não mais liberdade (a palavra-fetiche da retórica neoliberal) e menos regulação, mas precisamente mais controle e "governo" da vida cotidiana na exata medida em que a transforma num objeto de consumo individual e não de discussão pública e coletiva. Nesse caso, menos governo significa mais "governo".

Outra das operações centrais do pensamento neoliberal em geral e, em particular, no campo educacional, consiste em transformar questões políticas e sociais em questões técnicas. Nessa operação, os problemas sociais – e educacionais – não são tratados como questões políticas, como resultado – e objeto – de lutas em torno da distribuição desigual de recursos materiais e simbólicos e de poder, mas como questões técnicas, de eficácia/ineficácia na gerência e administração de recursos humanos e materiais. Assim, a situação desesperadora enfrentada cotidianamente em nossas escolas por professoras/es e estudantes é vista como resultado de uma má gestão e desperdício de recursos por parte dos poderes públicos, como falta de produtividade e esforço por parte de professores/as e administradores/as educacionais, como consequência de métodos "atrasados" e ineficientes de ensino e de currículos inadequados e anacrônicos. Dado um tal diagnóstico é natural que se prescrevam soluções que lhe correspondam. Tudo se reduz, nessa solução, a uma questão de melhor gestão e administração e de reforma de métodos de ensino e conteúdos curriculares inadequados. Para problemas técnicos, soluções técnicas, ou melhor, soluções políticas traduzidas como técnicas (tal como a privatização, por exemplo). É nesse raciocínio que se insere o discurso sobre a qualidade e sobre a gerência da qualidade total. É nesse ponto também que convergem as presentes propostas neoliberais e a atual hegemonia do discurso construtivista em educação. Essa convergência, aliás, vai além desse deslocamento do político. Sandra Corazza (1994), nisso seguindo e ampliando Thomas Popkewitz (1993b), vê uma conveniente compatibilidade também entre o tipo de sujeito pressuposto no discurso neoliberal de reestruturação da produção (*qualidade total* e outros esquemas similares) e o tipo de "eu" subjacente às propostas do construtivismo pedagógico: "autônomo, racional, participativo, responsável" (Sandra Corazza, comunicação pessoal). "O novo cidadão é um indivíduo que pode agir com maior autonomia, flexibilidade e que deve ter habilidade para resolver problemas – todos atributos associados com as novas psicologias" (CORAZZA, 1994: 41). Qualidade Total na Educação e Construtivismo Pedagógico se combinariam, assim, ainda que de forma não calculada, para produzir identidades individuais e sociais ajustadas ao clima ideológico e econômico do triunfante neoliberalismo.

É difícil discordar da descrição da atual situação educacional feita pelo discurso neoliberal. É mais difícil ainda ficar contra a proposta de mais qualidade, sobretudo quando essa "qualidade" é anunciada como "total". Entretanto, o que o discurso neoliberal em educação esconde é a natureza essencialmente política da configuração educacional existente. A educação pública não se encontra no presente e deplorável estado principalmente por causa de uma má gestão por parte dos poderes públicos, mas sim, sobretudo, porque há um conflito na presente crise fiscal entre propósitos imediatos de acumulação e propósitos de legitimação (os governos estaduais não remuneram mal os professores apenas porque os governadores são "maus" ou pouco iluminados, mas porque isso compete com objetivos de financiamento – necessários ao processo de acumulação – mais imediatos). As escolas privadas não são mais eficientes que as escolas públicas por causa de alguma qualidade inerente e transcendental da natureza da iniciativa privada (o contrário valendo para a administração pública), mas porque um grupo privilegiado em termos de poder e recursos pode financiar privadamente uma forma privada de educação (sem esquecer a vantagem de capital cultural inicial – de novo resultante de relações sociais de poder – de seus/suas filhos/as, em cima do qual trabalham as escolas privadas). As escolas públicas não estão no estado em que estão simplesmente porque gerenciam mal seus recursos ou porque seus métodos ou currículos são inadequados. Elas não têm os recursos que deveriam ter porque a população a que servem está colocada numa posição subordinada em relação às relações dominantes de poder. Seus métodos e currículos podem ser inadequados, mas isso não pode ser discutido fora de um contexto de falta total de recursos e de poder. Por isso a questão da qualidade também não pode ser formulada fora desse contexto. A qualidade já existe – qualidade de vida, qualidade de educação, qualidade de saúde. Mas apenas para alguns. Nesse sentido, qualidade é apenas sinônimo de riqueza e, como riqueza, trata-se de um conceito relacional. Boa e muita qualidade para uns, pouca e má qualidade para outros. Por isso, a gerência da qualidade total na escola privada é redundante – ela já existe; na escola pública é inócua – se não se mexer na estrutura de distribuição de riqueza e recursos.

A chamada Gestão da Qualidade Total (GQT) em educação é uma demonstração de que a estratégia neoliberal não se contentará em orientar a educação institucionalizada para as necessidades da indústria nem em organizar a educação em forma de mercado, mas que tentará reorganizar o próprio interior da educação, isto é, as escolas e as salas de aula, de acordo com esquemas de organização do processo de trabalho. Mas, ao mesmo tempo, seria um equívoco ver e analisar a GQT apenas como uma solução técnica para os sérios problemas educacionais, vendo-a e analisando-a de forma isolada do conjunto da ofensiva neoliberal em educação. Apesar de toda a retórica da GQT em favor da participação dos "clientes" (a escolha do léxico nunca é inocente) e da definição dos objetivos e métodos educacionais a partir das necessidades e desejos dos "consumidores", dando uma ilusão de democracia, escolha e participação, a verdade é que a estratégia da *qualidade total* enquadra o processo escolar e educacional numa estrutura de pensamento e concepção que impede que se pense a educação de outra forma. Os "clientes" estão livres para determinar o que querem, mas aquilo que querem já está determinado antecipadamente quando todo o quadro mental e conceitual está previamente definido em termos empresariais e industriais. Sob a aparência de escolha e participação, a GQT impõe uma visão de educação e gerência educacional que fecha a possibilidade de se pensar de outra forma. A verdadeira escolha consistiria em poder rejeitar a própria ideia de *qualidade total*, o que equivaleria a rejeitar toda a noção neoliberal de educação.

É por isso também que é importante compreender que quando um discurso desse tipo se torna hegemônico ele não apenas coloca "novas" questões, introduz novos conceitos e categorias; ele, sobretudo, desloca e reprime outras categorias, obscurece a memória popular, ocupa o lugar de categorias que moveram nossas lutas no passado, redefinidas agora como anacrônicas e ultrapassadas. Assim, o discurso da qualidade total, da privatização em educação, da escolha e soberania por parte do "consumidor", da política como participação no consumo não se apresenta apenas como uma outra possibilidade ao lado e no mesmo nível de outras. Ele tende a suprimir as categorias com as quais tendíamos a pensar a vida social e a educação, ajudando-nos a formular um futuro e uma possibilidade que transcendessem a presente e indesejável situação social. O discurso da qualidade total, das excelências da livre iniciativa, da "modernização", dos males da administração pública reprime e desloca o discurso da igualdade/desigualdade, da justiça/injustiça, da participação política numa esfera pública de discussão e decisão, tornando quase impossível pensar numa sociedade e numa comunidade que transcendam os imperativos do mercado e do capital. Ao redefinir o significado de termos como "direitos", "cidadania", "democracia", o neoliberalismo em geral e o neoliberalismo educacional, em particular, estreitam e restringem o campo do social e do político, obrigando-nos a viver num ambiente habitado por competitividade, individualismo e darwinismo social. Quando "a democracia educacional é redefinida como a democracia do consumo no supermercado educacional" (KENWAY, 1993, p. 116), há uma redução das formas pelas quais podemos esperar construir um futuro baseado na discussão e crítica pública, coletiva e democrática das desigualdades e injustiças sociais da presente configuração social. Os/As "consumidores/as" da educação, numa educação redefinida como mercado, podem acabar descobrindo tarde demais que a "mão invisível do mercado" não pode ser responsabilizada pelos defeitos e fracassos simplesmente porque não pode ser localizada. E ao mesmo tempo já não estarão lá aqueles espaços públicos e democráticos de discussão que poderiam ser acionados simplesmente porque eles foram suprimidos.

Isso é particularmente crucial no campo da educação pública, no qual as desigualdades e injustiças da estrutura existente de poder são reproduzidas cotidianamente em nossas salas de aula. Quando as identidades pessoais e sociais de nossos/as estudantes são forjadas diariamente no interior de relações assimétricas de poder, um discurso que tende a obscurecer precisamente a existência dessas relações só vai tornar mais provável que essas relações sejam reforçadas e reproduzidas. Quando questões de igualdade/desigualdade e justiça/injustiça se traduzem em questões de qualidade/falta de qualidade quem sofre não são aqueles que já têm suficiente qualidade, mas precisamente aqueles que não a têm e que veem em reduzidas suas chances de obtê-la, pelo predomínio de um discurso que tende a obscurecer o fato de que a sua falta de qualidade se deve ao excesso de qualidade de outros.

Mas quais são, globalmente, as "soluções" neoliberais para a educação? Elas vêm sendo propostas desde os primeiros mandatos de Reagan e Thatcher e parcialmente aplicadas nos Estados Unidos e Inglaterra e em outros países (na América Latina há o exemplo do Chile, descrito por Pablo Gentili no presente livro e, no Brasil, o exemplo de Maringá, mencionado por Gaudêncio

Frigotto neste mesmo livro, além do programa da Qualidade Total, patrocinado pelo MEC; na França até mesmo um relatório de "notáveis" do College de France, liderado por Pierre Bourdieu, propõe um esquema neoliberal de mercado para a educação – cf. BOURDIEU, 1986). Embora se tenha usado a palavra "privatização" para caracterizar as propostas de reestruturação educacional neoliberais, ela é inapropriada porque não se trata apenas de privatizar – isto é, de entregar a educação à iniciativa privada –, mas de fazer a educação pública funcionar à semelhança do mercado, algo um tanto diferente. Assim, a ideia é que a educação não seja financiada diretamente pelo Estado, mas que o Estado repasse aos pais (redefinidos como consumidores) uma determinada quantia (supostamente calculada de acordo com um custo ótimo), os quais então escolheriam, no mercado, a escola que mais conviria a seus filhos. É o esquema do *voucher* (bônus). Na retórica neoliberal, isso faria com que as escolas tendessem à eficiência ao competirem no "mercado" pelo dinheiro dos "consumidores". Os pais e crianças menos privilegiados também se beneficiariam num tal esquema: dispondo do dinheiro, dado através do bônus, buscariam a melhor escola para si. "Mercado", "escolha", "direitos do consumidor", são, portanto, conceitos e termos-chave nessa visão neoliberal da educação.

Para começar, uma tal solução de mercado para a educação está baseada, como já tentei delinear, num diagnóstico deslocado dos "males" de nosso sistema educacional. O remédio neoliberal baseia-se na premissa de que os problemas da educação institucionalizada se devem essencialmente a uma má administração. A competição e os mecanismos de mercado agiriam para tornar essa administração mais eficiente e, portanto, para produzir um produto educacional de melhor qualidade. Dado que a educação não funciona mal ou está em "crise" (esse termo ambíguo que, como o mercado, não responsabiliza ninguém em particular) devido a problemas técnicos de gerência, mas precisamente porque está subordinada aos imperativos da acumulação, é provável que a solução neoliberal vá apenas exacerbar as tendências existentes. As soluções neoliberais devem muito ao pensamento econômico e muito pouco à economia política.

Além disso, o "raciocínio" neoliberal em educação pressupõe tanto um acesso igualitário ao mercado (educacional) quanto um consumidor apto a fazer escolhas "racionais". É duvidoso que, deixadas intactas as atuais relações desiguais de acesso aos recursos materiais e culturais (a solução dos *vouchers* apenas tende a esconder esse acesso diferencial), os diferentes grupos sociais tenham a mesma facilidade de acesso a esse mercado educacional. O mais provável é que o acesso a esse mercado educacional seja regulado – mais do que o é na presente configuração da educação pública – pela posse ou falta de outros recursos e instrumentos de poder, produzindo nesse processo mais desigualdade educacional e social. Da mesma forma, esse consumidor racional e individualista do pensamento liberal é apenas uma ficção na exata medida em que sua suposta soberania está limitada e restringida pelas contingências de seu posicionamento na estrutura econômica e social. Novamente, supor que haja a possibilidade de uma escolha racional e livre é apenas diminuir as chances daqueles que estão mal posicionados para fazer uma escolha racional e livre, enquanto os mais bem posicionados continuarão a fazer escolhas ainda mais "racionais" e "livres". Em ambos os casos, o que se estará produzindo é mais desigualdade e assimetria. É até possível que se aumente assim a produtividade e a eficiência, mas é ainda preciso perguntar a quem essa produtividade e eficiência, mais uma vez, estarão servindo.

Ao lado desse processo de mercantilização da educação, há uma forte pressão para que as escolas e as universidades se voltem para as necessidades estreitas da indústria e do comércio. Parte-se aqui de uma crítica da educação institucional existente como ineficiente, inadequada e anacrônica, em relação às exigências do trabalho nos setores da indústria, do comércio e dos serviços. De novo, não se pode discordar essencialmente da descrição que se faz da educação existente. O problema está na referência que se toma para avaliar o estado da educação atual e nas consequentes soluções que são propostas. Nossa descrição das misérias do sistema educacional pode coincidir com a descrição neoliberal, mas ter um ponto de referência diferente faz uma enorme diferença. Na visão neoliberal, o ponto de referência para condenar a escola atual não são as necessidades das pessoas e dos grupos envolvidos, sobretudo aqueles que mais sofrem com as desigualdades existentes, mas as necessidades de competitividade e lucro das empresas. Como consequência, as soluções propostas pela visão empresarial tendem a amarrar a reestruturação do sistema educacional às estreitas necessidades de treinamento da indústria e do comércio. O esquema básico proposto é o de estreita preparação para o local de trabalho. Adotar uma perspectiva diferente não significa negar a importância da preparação para o trabalho, mas colocar essa preparação num quadro que leve em consideração principalmente as necessidades e interesses das pessoas e grupos envolvidos – sobretudo aqueles já prejudicados pelos presentes esquemas – e não as especificações e exigências do capital. De novo, isso faz uma grande diferença.

Mas essa redefinição neoliberal da educação como treinamento também tende a acentuar as presentes divisões na medida em que os esquemas propostos serão aplicados sobretudo às crianças e jovens das classes subalternas. As classes com poder e recursos continuarão a lutar por pedagogias e currículos que garantam seu investimento em capital cultural e sua posição na estrutura econômica e social. Seja pressionando por uma pedagogia e currículos centrados no conhecimento técnico e científico de alto *status* – demanda daquelas frações da classe dominante economicamente orientadas –, seja pressionando por uma educação centrada nos aspectos mais culturais, artísticos, literários – demanda das frações culturalmente orientadas das classes dominantes –, ou por uma combinação de ambos, esses grupos continuarão tendo como proteger seus interesses e investimentos educacionais e culturais (BERNSTEIN, 1990). É aqui que as duas estratégias neoliberais centrais – mercantilização e treinamento – convergem para reforçar as divisões existentes e criar novas desigualdades. Essa operação, se completada, talvez signifique o fim da relativa autonomia da educação, mas nesse processo alguns grupos terão sua própria autonomia aumentada, enquanto outros se tornarão ainda mais dependentes das exigências e necessidades do capital.

Apesar da centralidade da ofensiva neoliberal, não se pode esquecer de uma possível aliança entre liberalismo (econômico) e conservadorismo (cultural). Por isso é importante que neoliberalismo e neoconservadorismo não sejam tomados como sinônimos (sobre esse ponto cf. o capítulo de Michael Apple no presente livro). Embora essa aliança não seja visível no Brasil, o que tem caracterizado a política reacionária, nos Estados Unidos, por exemplo, é precisamente uma aliança entre neoliberais e neoconservadores. O neoliberalismo se caracteriza por pregar que o Estado intervenha o mínimo na economia, mantenha a regulamentação das atividades econômicas privadas num mínimo e deixe agir livremente os mecanismos do mercado. O neoconservadorismo é constituído por aqueles grupos que pregam uma volta aos antigos, tradicionais e "bons" valores da família e da moralidade. Nos Estados Unidos, pelo menos, essa aliança é evidentemente contraditória, na medida em que o conservadorismo cultural pressupõe uma forte intervenção do Estado, como ocorre, por exemplo, na questão do aborto. Apesar dessa contradição, entretanto, a convergência tática de suas ofensivas representa, no conjunto, um risco de regressão social. De um lado, temos a predominância dos mecanismos do mercado e a retirada do Estado do campo social, ameaçando reforçar as desigualdades já existentes. De outro, temos o predomínio de visões culturalmente conservadoras e moralistas representando um mecanismo de repressão, controle e contenção. É fácil ver quais as consequências de uma tal aliança para a educação. É fácil ver que tipo de conhecimento, de currículo e quais métodos dominarão a cena pedagógica quando o livre funcionamento dos mecanismos de mercado na educação permitirem uma "livre" escolha feita num clima de predomínio de moralismo e repressão cultural. Neoliberalismo e neoconservadorismo convergem então para moldar um cenário educacional em que as possibilidades de construir uma educação pública como um espaço público de discussão e exercício da democracia ficarão cada vez mais distantes.

Não se pode tampouco cair na tentação de criticar as tentativas neoliberais de atrelar a educação mais estreitamente aos objetivos da produção a partir de perspectivas humanistas e essencialistas sobre a natureza humana e de entendimentos da educação como processo de desenvolvimento de um "suposto" homem (registre-se o machismo) verdadeiro, característico não apenas de vertentes religiosas, mas também de um certo marxismo educacional. Isso teria como efeito apenas desvincular as finalidades educacionais dos estreitos objetivos do mercado para vinculá-la, numa operação inversa, mas similar, às finalidades transcendentais de um essencialismo a-histórico e idealista que tenta universalizar uma noção contingente e particular de pessoa e sociedade. A contraposição às propostas mercantilistas da retórica liberal não reside nesse humanismo (liberal num outro sentido) que desloca a discussão pública e democrática sobre as finalidades da educação para uma esfera transcendental, mas numa perspectiva que permita que os objetivos educacionais sejam pública e democraticamente debatidos. Uma demonstração de que um humanismo essencialista e a-histórico não é o "Outro" de um neoliberalismo "realista" e instrumental é o fato de que a Gestão da Qualidade Total convive facilmente com o humanismo educacional de instituições educacionais religiosas.

Apesar do aspecto de novidade da ofensiva neoliberal e das renovadas estratégias de manipulação e administração da mente e dos desejos populares, não se pode esquecer que a história das lutas populares no interior do capitalismo tem sido caracterizada exatamente pela contestação dos mecanismos de mercado como regulador da vida econômica e social. As regulamentações e conquistas sociais agora redefinidas como obstáculos ao livre desenvolvimento do capitalismo são o resultado histórico de lutas contra a tendência do mercado a produzir injustiça e desigualdade. O apagamento da memória popular é essencial na estratégia liberal de apresentar restrições democráticas ao seu "livre" funcionamento como estorvos ao seu funcionamento ótimo e, portanto, supostamente benéfico para todos. A luta histórica contra o capital tem-se baseado precisamente em contestar, concretamente, as premissas liberais de que: 1) o mercado é o mecanismo ideal de regulação da economia e da vida social; 2) a educação, como a saúde e outros domínios da vida social, pode e deve funcionar tal como o mercado na economia. A presente ofensiva neoliberal consiste em reafirmar essas premissas, tentando suprimir ao mesmo tempo da memória popular o fato de que os "obstáculos" são o resultado de uma luta histórica, não contra o livre desenvolvimento dos inerentes efeitos benéficos do capitalismo, mas precisamente contra o desenvolvimento de seus inerentes efeitos deletérios aos grupos subalternos na hierarquia do capital. A estratégia de supressão da memória histórica se une aqui à estratégia de redefinição de velhas categorias e da produção de novas para criar um clima favorável aos objetivos empresariais de lucro e expansão – inerentemente antagônicos aos interesses dos grupos populares. A educação é alvo estratégico dessa ofensiva precisamente porque constitui uma dessas principais conquistas sociais e porque está envolvida na produção da memória histórica e dos sujeitos sociais. Integrá-la à lógica e ao domínio do capital significa deixar essa memória e essa produção de identidades pessoais e sociais precisamente no controle de quem tem interesse em manipulá-la e administrá-la para seus próprios e particulares objetivos.

O papel dos/as educadores/as num tempo e numa configuração como essa torna-se ainda mais crucial. É importante não se render a uma ofensiva que pretende transformar radicalmente não apenas a política da pedagogia, mas também a pedagogia da política. É também extremamente importante que criemos e recriemos nossas próprias categorias, que definamos e redefinamos as metáforas e as palavras que nos permitam formular um projeto social e educacional que se contraponha àquelas definidas e redefinidas pelo léxico e pela retórica neoliberal. Educadoras e educadores precisam, mais do que nunca, assumir sua identidade como trabalhadoras/es culturais envolvidas/os na produção de uma memória histórica e de sujeitos sociais que criam e recriam o espaço e a vida sociais. O campo educacional é centralmente cruzado por relações que conectam poder e cultura, pedagogia e política, memória e história. Precisamente por isso é um espaço permanentemente atravessado por lutas e disputas por hegemonia. Não assumir nosso lugar e responsabilidade nesse espaço significa entregá-lo a forças que certamente irão moldá-lo de acordo com seus próprios objetivos e esses objetivos podem não ser exatamente os objetivos de justiça, igualdade e de um futuro melhor para todos.

Referências

BOURDIEU, P. "Proposições para o ensino do futuro". *Revista Brasileira de Estudos Pedagógicos*, 1986, 67(155), p. 152-169.

BERNSTEIN, B. *The structuring of pedagogic discourse.* – Vol. IV: Class, codes and control. Londres: Routledge, 1990.

CORAZZA, S. *O construtivismo pedagógico como significado transcendental do currículo*: razão e obscurantismo da educação. Seminário do fim de tarde das segundas-feiras. Faculdade de Educação, UFRGS, 1994 [mimeo].

GROSSBERG, L. Pedagogy in the present: politics, postmodernity, and the popular. In: GIROUX, H.A. & SIMON, R.I. (orgs.). *Popular culture, schooling and everyday life.* Nova York: Bergin & Garvey, 1989, p. 91-115.

KENWAY, J.; BIGUM, C. & FITZCLARENCE, L. "Marketing education in the postmodern age". *Journal of Education Police*, 1993, 8(2), p. 105-122.

POPKEWITZ, T. *Policy, Knowledge and power*: some issues for the study of educational reform. [s.l.]: [s.e.], 1993a [mimeo].

_____. *Systems of ideas in social spaces*: Vygotsky, U.S. educational constructivism and the regulation of the "self". [s.l.]: [s.e.], 1993b [mimeo].

CAPÍTULO 2

Educação e formação humana:
ajuste neoconservador e
alternativa democrática

Gaudêncio Frigotto

"A disputa em torno da realidade ou irrealidade do pensamento – isolado da prática – é um problema puramente escolástico".

(Karl Marx. *Teses sobre Feuerbach, 9*)

A análise que empreendemos neste texto é parte de um trabalho mais extenso que busca entender, desde uma perspectiva histórica, os projetos alternativos de relações sociais e de formação humana face à especificidade da crise do capitalismo neste final de século[1].

O campo educativo e, mais amplamente, a formação humana, tem se constituído, desde o projeto da burguesia nascente, um campo problemático para definir sua natureza e função social. Os dilemas – que assumem conteúdos históricos específicos – decorrem, de um lado, do fato que a forma *parcial* (de classe), mediante a qual a burguesia analisa a realidade, limita, em certa medida, a concretização de seus próprios interesses; de outro, porém, decorrem do fato da existência de interesses concretos antagônicos dos grupos sociais que constituem a classe trabalhadora e que tornam o campo educativo, na escola e no conjunto das instituições e movimentos sociais, um espaço de luta contra-hegemônica.

O inventário (breve) deste embate, no plano mais geral, e, especificamente, na realidade brasileira, mostra que na teoria e na prática não somente avançou-se bastante na apreensão de sua natureza como assume uma especificidade no bojo da crise do capitalismo dos anos 1970/1990 que expõe questões desafiadoras para aqueles que entendem o espaço educativo como um *locus* importante da luta e construção da democracia substantiva.

---

1. FRIGOTTO, G. *Trabalho e educação face à crise do capitalismo*: ajuste neoconservador e alternativa democrática. UFF, 1994. Tese apresentada no concurso público para professor titular na disciplina Economia Política da Educação.

Uma primeira ordem de questões vinculada à especificidade da crise do capitalismo neste final de século traduz-se na mudança dos *homens de negócio* face à educação e formação humana e a segunda explicita-se pelas teses do fim da sociedade do trabalho e da não centralidade do trabalho, hoje, na apreensão da realidade social.

Partimos do pressuposto de que estas duas ordens de questões estruturam-se, a partir da apreensão que fazem das novas formas de sociabilidade capitalista, do papel do progresso técnico e, sobretudo, da crise do modelo de desenvolvimento que regulou os processos de acumulação nos últimos cinquenta anos.

Neste texto nos delimitamos a discutir a primeira ordem de questões. Inicialmente abordaremos a perspectiva básica dos *homens de negócio* no campo educativo e de formação humana face à crise do modelo fordista de organização e gestão do trabalho e, portanto, face às novas bases que a reconversão tecnológica e redefinição do padrão de acumulação capitalista demandam na reprodução da força de trabalho.

No plano teórico-histórico, interessa-nos expor o significado das teses da *sociedade do conhecimento, qualidade total, formação flexível, polivalente e educação geral abstrata* e sua (des)articulação com a perspectiva do Estado mínimo. Em seguida buscaremos discutir o significado e a pertinência teórica e histórica da concepção de educação politécnica e formação humana omnilateral, no plano da luta hegemônica que se articula aos interesses da classe trabalhadora, e a defesa e ampliação da esfera pública como condição de possibilidade de seu efetivo desenvolvimento.

1. Os apologetas da sociedade do conhecimento e os "homens de negócio" blefam e apostam no cinismo?

Antônio Gramsci nos adverte que face à crise, por esta manifestar-se no fato em que *"o velho não morreu e o novo ainda não pode nascer"*, é comum surgirem interpretações e comportamentos mórbidos. Esta morbidez, mormente, manifesta-se por previsões escatológicas, profecias, culto ao irracionalismo e posturas cínicas.

No contexto da discussão que estamos fazendo neste trabalho, esta morbidez explicita-se, claramente, como assinalamos anteriormente nas teses conservadoras do fim da história de Fucuyama, *tese* da sociedade do conhecimento de Toffler e a partir dela o fim das classes e, sobretudo, do proletariado, sendo este substituído pelo *cognitariado*[2], ou por teses como as de Kurz (1992) – que ironicamente alguns críticos situam como o Fucuyama (1992) da esquerda – que deduzem da crise "da sociedade do trabalho" a autodissolução das classes sociais. No mesmo rastro do fim da sociedade do trabalho e com ela o fim do conflito, Offe (1989) e Schaff (1990) não postulam como novo ator social a "razão sensível" de um coletivo indefinido (Kurz), mas o deslocamento para questões como o sentido da vida e da preparação do homem para o mundo do lazer.

Não é difícil, por certo, ao confrontar os processos históricos específicos com estas profecias, surpreender traços de uma espécie de jogo do *truco*, onde o blefe é uma tática singular, nem perceber um elevado grau de cinismo. Mais explícito isto pode tornar-se quando analisarmos as perspectivas de educação e formação humana postuladas pelos *homens de negócio* ou pelos seus mentores intelectuais, assessores, consultores, em realidades culturais como a brasileira onde a burguesia se constituiu mediante uma metamorfose das oligarquias[3].

---

2. Toffler deduz o fim da divisão do trabalho e das próprias classes sociais, em decorrência das mudanças do conteúdo e reorganização do processo de trabalho, motivadas pela introdução no processo produtivo de uma nova base técnica constituída fundamentalmente pela microeletrônica associada à informatização – que exige uma força de trabalho que se ocupa mais com a "cabeça" do que com os braços e força muscular (TOFFLER, 1983).

3. O ensaio de F. de Oliveria sobre *Collor: a falsificação da ira* (1992) mostra do que é capaz a classe ou classes dominantes brasileiras para manter o "*apartheid* social" existente montado historicamente sobre a violência (econômica, política e policial ou parapolicial). Os processos de falsificação, de blefe e o cinismo aparecem claramente.

Se é sustentável, todavia, aquilo que Marx e Engels nos assinalam que *"causa não está na consciência, mas no ser"*. Não no pensamento, mas na vida. É preciso perquirir o tecido histórico-social a partir do qual se explicitam uma determinada consciência e certas categorias ou necessidades.

Este pressuposto nos conduz a um fio condutor na análise sobre as alternativas educacionais em disputa hegemônica hoje e pode ser formulado da seguinte forma: o embate que se efetiva em torno dos processos educativos e de qualificação humana para responder aos interesses ou às necessidades de redefinição de um novo padrão de reprodução do capital ou do atendimento das necessidades e interesses da classe ou classes trabalhadoras plota-se sobre uma mesma materialidade, em profunda transformação, onde o progresso técnico assume um papel crucial, ainda que não exclusivo.

Trata-se de uma relação conflitante e antagônica, por confrontar de um lado as necessidades da reprodução do capital e de outro as múltiplas necessidades humanas. Negatividade e positividade, todavia, teimam em coexistir numa mesma totalidade e num mesmo processo histórico e sua definição se dá pela correlação de força dos diferentes grupos e classes sociais. O fantástico progresso técnico que tem o poder de dilatar o grau de satisfação das necessidades humanas e, portanto, da liberdade humana e que tem estado sob a lógica férrea do lucro privado, ampliando a exclusão social, não é uma *predestinação natural* nem um *destino*, mas algo produzido historicamente.

Neste sentido, a questão não é de se negar o progresso técnico, o avanço do conhecimento, os processos educativos e de qualificação ou simplesmente fixar-se no plano das perspectivas da *resistência* nem de se identificar nas novas demandas dos *homens de negócio* uma postura dominantemente maquiavélica ou, então, efetivamente uma preocupação humanitária, mas de disputar concretamente o controle hegemônico do progresso técnico, do avanço do conhecimento e da qualificação, arrancá-los da esfera privada e da lógica da exclusão e submetê-los ao controle democrático da esfera pública para potenciar a satisfação das necessidades humanas.

2. A formação e qualificação abstrata e polivalente e a defesa do *Estado mínimo*: a nova (de)limitação do campo educativo sob a lógica da exclusão

O eixo de análise que buscamos esboçar nos permite perceber que a crescente literatura que desenvolve as teses do surgimento de uma *sociedade do conhecimento sem classes, fundada não mais sobre os processos excludentes característicos de um processo produtivo transformador da natureza e consumidor de fontes de energia não renovável, mas de uma economia global onde o principal recurso é o conhecimento, o qual não teria limites e estaria ao alcance de todos, opera dentro de um nível profundamente ideológico e apologético. Este nível de formulação, fortemente veiculado pelos organismos internacionais que representam o capitalismo transnacional, inscreve-se no horizonte dos "economistas filantropos" a que Marx se refere ao discutir a perspectiva que os mesmos têm de educação.*

> O verdadeiro significado da educação, para os economistas filantropos, é a formação de cada operário no maior número possível de atividades industriais, de tal sorte que se é despedido de um trabalho pelo emprego de uma máquina nova, ou por uma mudança na divisão do trabalho, possa encontrar uma colocação o mais facilmente possível (MARX, 1983:81).

Se as perspectivas filantrópicas persistem de várias formas e retomam força no interior do ajuste neoliberal, como a tese da sociedade do conhecimento que transforma o proletariado em "cognitariado"[4], elas convivem com demandas que o inventário da literatura internacional e nacional identificam como uma nova

---

4. Uma forte manifestação desta "vocação" filantrópica e moralizante das elites empresariais, políticas, eclesiásticas e mesmo da "intelectualidade", no Brasil, dá-se mediante a visão de que a escola é o "locus" por excelência destinado a solucionar o problema da violência, dos meninos e jovens infratores, da pobreza, do subemprego, do mercado informal, desemprego e, hoje, especialmente, dos desenraizados meninos e meninas de rua.

"qualidade" da educação escolar e dos processos de qualificação ou requalificação da força de trabalho.

O que efetivamente mobiliza, no caso brasileiro, com um atraso de um século em relação às conquistas da universalização da escola básica na Europa, empresários como A.E. de Moraes – o maior "capitão" da indústria nacional, como o apresenta a imprensa – a bradar, face ao fato de que Coreia, Hong-Kong, Japão, México, Venezuela têm, respectivamente, 94%, 69%, 96%, 55%, 45% dos seus jovens cursando o segundo grau e que este índice chega a apenas 35% no Brasil: *"Educação, pelo amor de Deus"* (A.E. de Moraes, *Folha de S. Paulo*, 20/06/1993, p. 2).

Este "lamento", sem perder o caráter moralista e filantrópico que funciona como uma espécie de *mea culpa* de uma burguesia que ainda cultiva posturas escravocratas e oligárquicas, revela demandas efetivas dos *homens de negócio* de um trabalhador com uma nova qualificação que, face à reestruturação econômica sob nova base técnica, possibilite-lhes efetivar a reconversão tecnológica que os torne competitivos no embate da concorrência intercapitalista.

A explicitação de que esta demanda tem caráter orgânico pode ser apreendida tanto pela ação dos organismos de classe dos empresários nacionais (CNI, Fiesp, IEL) e sua articulação com os organismos internacionais (FMI, BID, Bird, OIT) quanto por uma crescente literatura internacional e nacional que analisa a crise do modelo fordista de organização e gestão do trabalho, a reorganização mundial da economia e do processo produtivo e as consequências para a educação e qualificação da força de trabalho.

Neves (1993), ao analisar as propostas educacionais dos empresários no Brasil, tomando o final da década de 1980 e início da década de 1990, mostra que a Confederação Nacional das Indústrias (CNI) foi mudando sua estrutura organizacional para poder situar-se no interior das mudanças que o processo produtivo internacional experimenta e os desdobramentos em termos de produtividade, competitividade, relações de trabalho, etc. O CNI criou quatro novos conselhos técnicos permanentes de: política econômica, relações de trabalho e política social, política industrial e desenvolvimento tecnológico e de integração internacional. Como destaca Neves, a partir de 1990 a questão educacional passa a fazer parte permanente do Conselho de Relações de Trabalho e Desenvolvimento Social.

Gentili (1993), num estudo empírico-analítico sobre *Poder econômico, ideologia e educação*, envolvendo uma amostra de 28 empresas que introduziram os processos de reconversão tecnológica e de organização do processo produtivo e processo de gestão do trabalho na Argentina, identifica uma grande homogeneidade do discurso empresarial em relação à demanda de uma nova qualificação e uma "revalorização" da formação geral. Gentili vai mostrar, todavia, que por trás desta homogeneidade se localizam interesses muito delimitados que convergem para aquilo que conforma os trabalhadores às novas características do processo produtivo.

Após uma ampla revisão de bibliografia internacional e alguns textos nacionais sobre produção e qualificação, Paiva (1989) chega a indicações muito parecidas:

> Não há dúvida de que as transformações nas estruturas produtivas e as mudanças tecnológicas colocam à educação novos problemas. Mas certamente algo se simplifica. Pela primeira vez existe clareza suficiente de que é sobre a base da formação geral e sobre patamares elevados de educação formal que a discussão a respeito da profissionalização começa". E para obter tais objetivos, o consenso político nunca pode ser tão amplo, na medida em que unifica trabalhadores, empresários e outros setores sociais (PAIVA, 1989:63)[5].

Que transformações da base material são estas que conduzem a romper, no plano das concepções, aquilo que parecia mostrar-se como algo natural – o adestramento do trabalhador?

---

5. Paiva analisa sobretudo a realidade europeia e americana. Mesmo assim chama atenção para a complexidade da questão e para sua heterogeneidade. O que está sinalizando, de acordo com a autora, são tendências.

Ao final do século XIX, o empresário Geraldo Mascarenhas expunha aquilo que era senso comum para a época decorrente da concepção taylorista de homem e de trabalhador e que se traduziu em políticas educativas e a criação de inúmeras instituições educativas organizadas para tal fim[6].

> O adestramento do homem para o trabalho sempre foi e será uma das mais importantes tarefas da administração industrial. A ela grande atenção tem sido dedicada, como uma das condições essenciais para a conquista da boa produtividade (GIROLETTI, 1987:1).

No Brasil, a perspectiva do adestramento e do treinamento tem sido dominante até recentemente. A legislação educacional promulgada sob a égide do golpe de 1964 e tendo o economicismo como sustentação teórico-ideológica ainda está vigente, embora profundamente questionada e, em parte, superada, especialmente nos Estados e municípios onde a gestão educacional passou a ser controlada por forças políticas democráticas.

Inúmeros trabalhos de todos os matizes buscam dar conta desta mudança. Em boa parte destas análises observa-se uma ótica apologética, parte desenvolve uma perspectiva (que se pretende crítica), mas que opera dentro da visão conspiratória. Tem-se ampliado, porém, o número de trabalhos que buscam apreender o intricado caminho contraditório das transformações que vêm ocorrendo no mundo e o impacto sobre nossa realidade. Não buscamos aqui detalhar os meandros destas diferentes perspectivas. Fixamo-nos neste último aspecto.

Não compactuando com a tese *do quanto pior melhor* e com as perspectivas apologéticas, parece-nos importante mostrar primeiramente que os novos conceitos abundantemente utilizados pelos homens de negócio e seus assessores – globaliza-

---

6. É bom lembrar que toda a política de formação profissional e técnica desde os anos 1940 vinha vincada com a perspectiva do adestramento. A mudança que vem ocorrendo, por certo, não pode ser interpretada ingenuamente como uma *conversão* na defesa da classe trabalhadora. Para uma compreensão da perspectiva ideológica e pedagógica da formação profissional, cf. Frigotto (1977 e 1983).

ção, integração, flexibilidade, competitividade, qualidade total, participação, pedagogia da qualidade e a defesa da educação geral, formação polivalente e "valorização do trabalhador" – são uma imposição das novas formas de sociabilidade capitalista tanto para estabelecer um novo padrão de acumulação quanto para definir as formas concretas de integração dentro da nova reorganização da economia mundial.

A súbita redescoberta e valorização da dimensão humana do trabalhador está muito mais afeta a sinais de limites, problemas e contradições do capital na busca de redefinir um novo padrão de acumulação com a crise de organização e regulação fordista, do que a autonegação da forma capitalista de relação humana. Ou seja, as inovações tecnológicas, longe de serem "variáveis independentes", um poder fetichizado autônomo, estão associadas às relações de poder político-econômico e, portanto, respondem a demandas destas relações[7]. Em seguida, cabe mostrar que o ajuste neoliberal se manifesta no campo educativo e da qualificação por um revisitar e "rejuvenescer" a *teoria do capital humano*, com um rosto agora mais social[8].

Os grandes mentores desta veiculação rejuvenescida são o Banco Mundial, BID, Unesco, OIT e os organismos regionais e nacionais a eles vinculados. Por esta trilha podemos perceber que tanto a integração econômica quanto a valorização da educação básica geral para formar trabalhadores com capacidade de

---

7. Parodiando Magdof (1978) que ao discutir a "era do imperialismo" mostrava que a intervenção do Estado na economia não era uma escolha, mas uma imposição para a crise do capitalismo dos anos 1930, a mudança dos capitalistas face ao trabalho, à educação básica e à qualificação, na crise dos anos 1970/1990, também não é uma escolha, mas uma imposição. Cabe, para aqueles que buscam romper a forma capitalista de relações sociais, não desconhecer os limites e as contradições que os "homens de negócio" enfrentam, para, partindo delas, potencializar os interesses dos trabalhadores e de novas relações sociais.

8. Coraggio, numa discussão sobre a *Economía y la educación en América Latina*, destaca que "discutir el sentido del rejuvenecimiento de la categoría capital humano, originariamente propuesta por el economista Theodoro Schultz en los 1960, es una tarea teórica que habrá que emprender si se quiere tener una mayor comprensión del proceso de recomposición de la economía mundial" (CORAGGIO, 1992:6).

abstração, polivalentes, flexíveis e criativos, ficam subordinadas à lógica do mercado, do capital e, portanto, da diferenciação, segmentação e exclusão. Neste sentido, os dilemas da burguesia face à educação e qualificação permanecem, mesmo que efetivamente mudem o seu conteúdo histórico e que as contradições assumam formas mais cruciais.

Restringimo-nos aqui, pela relação mais direta com o debate que estabelecemos neste trabalho, a algumas dimensões relativas à reestruturação *pós-fordista*[9] no que ela impacta sobre a organização produtiva, conteúdo e divisão de trabalho e os processos de formação humana.

Esta reestruturação assume especificidades diferenciadas entre os países que puderam, por um considerável período histórico no interior das políticas do Estado de Bem-Estar, "esgotar" os ganhos do modelo fordista – elevadas taxas de acumulação, ganhos de produtividade no emprego e consumo de massa – dos países, como o Brasil, em que predominou aquilo que a literatura denomina de *fordismo periférico*. Nestes países o fato de não constituir-se efetivamente um mercado com instituições e atores sociais sólidos, o que predominou foram relações tayloristas e, em casos como o brasileiro, associadas ao clientelismo e populismo[10].

Os novos conceitos relacionados ao processo produtivo, à organização do trabalho e à qualificação do trabalhador apare-

---

9. A expressão "pós-fordismo", que sinaliza a tendência da mudança da base técnica do processo produtivo dos métodos de gestão da produção, da força de trabalho, etc., que, na realidade, quer significar um novo paradigma, não pode ser tomada como algo homogêneo nem mesmo nos países de capitalismo avançado. Em realidades como a brasileira convivem formas tayloristas, fordistas e "pós-fordistas" de organização do processo produtivo e de gestão da força de trabalho.

10. Francisco de Oliveira assinala os requisitos para que o mercado se constitua efetivamente numa categoria histórica concreta. "O mercado real e concreto é um conjunto de instituições saturadas historicamente da força dos agentes sociais. Ele não é nada mais do que isto. Se isso pode ser traduzido em fórmulas e indicadores, depende da densidade histórica dos agentes sociais específicos. Falar de mercado e de força de trabalho no Brasil, com 60% da população no mercado informal, é uma piada. Isto não tem densidade histórica, não corresponde à categoria teórica que é manipulada nos planos".

cem justamente no processo de reestruturação econômica, num contexto de crise e acirrada competitividade intercapitalista e de obstáculos sociais e políticos às tradicionais formas de organização da produção. A integração, a qualidade e a flexibilidade constituem-se nos elementos-chave para dar os saltos de produtividade e competitividade.

A viabilidade para este salto, demarcada por relações de poder no plano político-econômico e portanto por restrições de várias ordens, está inscrita no efetivo acesso à nova base científico-técnica formada pela *tríade* apresentada por Schaff (1990) e outros autores: microeletrônica, microbiologia e sua resultante – a engenharia genética e novas fontes de energia. Neste cenário os grandes grupos econômicos e os organismos que os representam, "os novos senhores do mundo", ou "o poder de fato" (FMI, BID, BM) empenham-se pelo controle privado desta nova base científico-técnica.

O que de específico efetivamente traz a nova base científico-técnica que faculta mudanças profundas na produção, organização e divisão do trabalho e que fazem os homens de negócio demandar mudanças nos processos educativos e de qualificação? Como concretamente esta nova base científico-técnica é incorporada no processo produtivo e quais suas implicações face aos conflitos e à luta de classe?

A resposta a estas questões, no seu conjunto ou em alguns de seus aspectos, é marcada pela controvérsia, e esta tem sua origem, como apontamos acima, no confronto das perspectivas apologéticas, conspiratórias e histórico-críticas e mesmo no interior de cada uma destas perspectivas.

Tomando como referência alguns trabalhos dentro da última perspectiva[11], podemos depreender, em primeiro lugar, que a

---

11. Para uma discussão detalhada, numa perspectiva crítica da questão acima, cf.: Coriat (1984, 1988, 1989), Hirata, H. (1990, 1991), Freyssenet, M. (1989, 1992), Boyer (1986), Enguita, M.F. (1989, 1990, 1992), Schmitz e Carvalho (1988, 1992), Salerno, M.S. (1991, 1992), Castro, R.P. (1993), Neves, M. de (1991) e Machado, L.R. de Souza (1992).

nova base científico-técnica, ainda que de forma não homogênea e no seu aspecto mais geral, permite uma mudança radical, um salto qualitativo em relação à lógica da mecanização e automação derivadas da eletromecânica.

A máquina a vapor e, mais tarde, a descoberta do petróleo e da eletricidade permitiram potenciar e substituir, em grande medida, a força física do animal e do trabalhador. A base mecânica e eletromecânica caracteriza-se por um conjunto de máquinas fixas, com rigidez de programação de sequência e movimentos para produtos padronizados e em grande escala. Sob esta base, característica do Taylorismo e Fordismo, os custos de mudança são elevadíssimos e, por isso, ficam evidentes os limites para uma automação flexível.

As mudanças da tecnologia com base microeletrônica, mediante a informatização e robotização, permitem ampliar a capacidade intelectual associada à produção e mesmo substituir, por autômatos, grande parte das tarefas do trabalhador. Como nos mostra Castro *"as novas tecnologias (microeletrônicas, informáticas, químicas e genéticas) se diferenciam das anteriores pelo predomínio da informação sobre a energia"* (CASTRO, 1993:6). A informação é a "terceira dimensão da matéria, sendo as outras duas: energia e massa" (RUBIN, 1993, apud CASTRO, 1993). Os processos microeletrônicos, mediante o acoplamento de máquinas a computadores e informatização, permitem uma alteração radical no uso, controle e transformação da informação. Facultam, de outra parte, a flexibilização das sequências, da integração, da otimização do tempo e do consumo de energia e uma profunda mudança da relação do trabalhador com a máquina[12].

---

12. "A mutação qualitativa consiste no seguinte: todo o progresso produtivo realizado até o presente assentava-se na transformação da matéria mediante emprego de fontes de energia mais e mais potentes, agora a transformação da matéria pode ser feita de forma mais rápida, barata e perfeita, graças à utilização de informação codificada, memorizada, através de linguagens e sinais que automatizam saber e saber-fazer humano, com baixos custos de energia e de trabalho vivo" (CASTRO, 1993:7).

É pois no exame da incorporação deste novo padrão tecnológico (reconversão tecnológica) no processo de organização da produção e circulação, com novos materiais e processos, e nova organização, divisão e gestão do trabalho, que podemos identificar o surgimento de um número crescente de *conceitos-ponte ou jargões* – globalização, qualidade total, flexibilidade, integração, trabalho enriquecido, ciclos de controle de qualidade – que tendem a se tornar senso comum entre os *homens de negócio*, os assessores e que ocupam longos debates em seminários, simpósios nos mais diversos âmbitos, inclusive, de modo crescente, nas universidades[13].

A tradução destes conceitos em termos concretos dá-se mediante métodos que buscam otimizar tempo, espaço, energia, materiais, trabalho vivo, aumentar a produtividade, a qualidade dos produtos e, consequentemente, o nível de competitividade e de taxa de lucro. Dentre estes métodos a literatura destaca: *Just in time e Kan Ban* que objetivam, mediante a integração e flexibilização, a redução do tempo e dos custos de produção e circulação, programando a produção de acordo com a demanda; por métodos ou sistemas vinculados ao processo de produção como CAD (*Computer Aided Design*) e CAM (*Computer Aided Manufacturing*) e a vinculação de ambos ensejando a integração do projeto com a manufatura; ou, como mostra Salerno (1993), por outras estratégias menos enfatizadas, mas importantes, de estruturação e organização das empresas, ou entre empresas, que concorrem para os objetivos acima. Salerno destaca a focalização, que "consiste em concentrar esforços naquilo que é a vantagem competitiva da empresa"; a *descentralização produtiva*, que consiste em deixar de produzir certos componentes e com-

---

13. É importante enfatizar que muitas vezes estes conceitos, em realidades culturais, econômicas e educacionais tão díspares como o caso brasileiro, quer pela existência de um empresariado que teima em não abrir mão de suas origens e métodos oligárquicos, quer por razões de natureza das próprias relações intercapitalistas, não refletem de fato uma realidade concreta. Neste tipo de realidade o risco das visões apologéticas se amplia enormemente.

prá-los de terceiros; definição de projetos específicos, redução dos níveis hierárquicos etc.

Na medida em que, como vimos nos capítulos 2 e 3, o fantástico progresso técnico vem demarcado pela lógica privada da exclusão, este conjunto de métodos e técnicas de organização e gestão do processo produtivo não só se inscreve nesta lógica como é um mecanismo de ampliação da mesma. Os custos humanos são cada vez mais amplos evidenciados pelo desemprego estrutural que aumenta, atingindo sobretudo os jovens e os velhos, o emprego precário e a produção, mesmo no Primeiro Mundo, de cidadãos de segunda classe.

Os sinais do caráter de exclusão da reestruturação capitalista são tão fortes que nos induzem a procurar, para além da ênfase apologética da valorização do trabalhador e da sua formação geral e polivalente, qual é seu efetivo sentido político-prático. Tomados os termos em que a questão é posta pelos organismos internacionais e pelos organismos de classe ou instituições que representam os empresários, faz-nos lembrar a imagem formulada por Brecht, ao dizer que, vista de longe, a sociedade capitalista parece uma tábua horizontal onde todos são situados em condições de igualdade, mas que, vista de perto, manifesta ser uma gangorra.

O apelo à valorização, face à reestruturação econômica, do "fator trabalho", da educação geral e formação polivalente enfatizado pelos organismos como OIT, já em meados da década de 1970. Ana Maria Rezende Pinto (1991), num trabalho com o título sugestivo *Pessoas inteligentes trabalhando com máquinas ou máquinas inteligentes substituindo o trabalho humano*, examina como vários países desenvolvidos buscaram *ajustar* os sistemas educativos e a utilização de outras estratégias empresariais para fazer face às necessidades de um sistema produtivo que incorpora crescentemente a nova base tecnológica. Deste exame amplo, incluindo indicações do caso brasileiro, no qual constata uma ênfase na demanda de educação geral, conclui:

> As mudanças em curso nos sistemas de ensino examinados parecem sugerir que a 'produtividade da escola im-

produtiva' já não é de todo funcional à ordem capitalista (PINTO, 1991:21).

Na mesma direção, referindo-se às propostas dos empresários, Neves destaca: *"O empresariado parece estar se dando conta de que o baixo nível de escolaridade de amplas camadas da população começa a se constituir em obstáculo efetivo à reprodução ampliada do capital, em um horizonte que sinaliza para o emprego, em ritmo cada vez mais acelerado, no Brasil, de novas tecnologias de base microeletrônica e da informática assim como de métodos mais racionalizadores de organização da produção e do trabalho, na atual década"* (NEVES, 1993:10).

Resta saber para quantos e com isenções de impostos os empresários estão dispostos a *apadrinhar*. As indicações que temos, no caso brasileiro, como veremos adiante, são pouco altruístas.

Se a investida dos "homens de negócio", em defesa da escola básica, se dá sobretudo a partir do final dos anos 1980, é preciso ter presente, todavia, que isto não significa que antes disto os mesmos não estivessem atentos à *educação que lhes convém*[14]. A "novidade" reside, exatamente, no fato de a crítica incidir no puro e simples adestramento e na proposta da educação básica geral.

A identificação dos atores orgânicos desta investida em defesa da escola básica e de suas propostas nos permite perceber que a mesma se move dentro de inúmeras contradições e é marcada pela histórica dificuldade e dilemas da burguesia face à educação dos trabalhadores.

---

14. Especialmente a partir dos anos 1930 podemos perceber que a questão da educação e, sobretudo, do treinamento e qualificação para moldar e "fabricar" os trabalhadores é algo que preocupa as lideranças políticas e empresariais. Em relação às *démarches* para a criação do Serviço Nacional de Aprendizagem Industrial, cf. Frigotto (1970). Se nos anos 1930 os empresários tiveram que ser induzidos por Getúlio Vargas para cuidarem da formação profissional, hoje vemos que seus organismos de classe tomam a iniciativa para fazer valer seus interesses de classe face ao Estado.

O movimento é, ao mesmo tempo, de crítica ao Estado, à ineficiência da escola pública, de cobrança do Estado na manutenção da escola e defesa da privatização ou de mecanismos privatizantes. Com algumas pequenas variantes, as preocupações básicas relativas ao ajustamento da educação aos interesses empresariais são expostas em documentos da Fiesp, CNI, IEL, Senai, Instituto Herbert Levy da *Gazeta Mercantil*, Instituto Liberal, Iedi (Instituto de Estudos para o Desenvolvimento Industrial) ou em documentos de órgãos do governo ou vinculados a alguma universidade.

A Fiesp, organismo que expressa as ideias mais conservadoras do empresariado, lamenta-se sobre os riscos de investir na nova base tecnológica face ao fato da falta de mão de obra especializada e retoma a tese do *capital humano*:

> A carência de pesquisa básica e aplicada, a escassez de mão-de-obra especializada e a rápida obsolescência das inovações tornam os investimentos em setores de alta tecnologia os mais arriscados em um país de industrialização recente como o Brasil. Uma ênfase maior em tecnologia de ponta deverá ocorrer quando o país estiver apto a investir maior parcela de recursos na formação de capital humano e P&D (FIESP, 1990).

A CNI dispõe de um instituto – IEL – especificamente encarregado de analisar as tendências e as necessidades do setor industrial no plano da educação e formação técnico-profissional. Trata-se de um instituto criado em 1969 com o objetivo precípuo de funcionar como uma espécie de embaixador para sensibilizar e envolver as universidades públicas e privadas na defesa das necessidades da indústria nacional. Só no ano de 1992 o IEL elaborou o projeto *Pedagogia da Qualidade*, com o apoio do CNI, Senai e Sesi, coordenou o Encontro Nacional Indústria-Universidade sobre a Pedagogia da Qualidade (23 e 24 de março de 1992), realizou mais 16 encontros estaduais sobre educação para a qualidade: e 15 cursos sobre qualidade total (Relatório do IEL de 1992).

O Iedi, que reflete mais claramente o ideário dos empresários de mentalidade mais aberta e que se articulam com pesquisadores ligados a institutos de pesquisa ou a universidades, também em 1992, produziu o documento: *Mudar para competir – A nova relação entre competitividade e educação, estratégias empresariais*. Neste documento, após uma análise do esgotamento do modelo fordista de organização da produção e do trabalho e de caracterizar a especificidade da nova base técnica vinculada sobretudo à microeletrônica e à informática, apontam a questão educacional, particularmente uma sólida educação básica geral, como um elemento crucial à nova estratégia industrial (IEDI, 1992).

Com uma mesma perspectiva, mas buscando influenciar diretamente as políticas educacionais do governo, o Instituto Herbert Levy da *Gazeta Mercantil* e a Fundação Bradesco encomendaram a João Batista Araújo de Oliveira e Cláudio de Moura Castro a coordenação de um documento sobre *Educação Fundamental e Competitividade Empresarial – Uma Proposta para o Governo*[15]. Nesta proposta situam a escola básica como um dever fundamental do Estado e apresentam diferentes formas mediante as quais as empresas podem colaborar com o poder público na educação básica e no tipo de educação demandada para as empresas.

A investida para se implantar os critérios empresariais de eficiência, de "qualidade total", de competitividade em áreas incompatíveis com os mesmos, como educação e saúde, desenvolve-se hoje dentro do setor "público". O que é, sem dúvida, profundamente problemática é a pressão da perspectiva neoconservadora para que a escola pública e a universidade em particular e a área da saúde se estruturem e sejam avaliadas dentro dos parâmetros da produtividade e eficiência empresarial. Mais preo-

---

15. João Batista Araújo de Oliveira esteve vinculado durante muitos anos à Finep e, à época da realização do documento, servia à OIT em Genebra. Cláudio de Moura Castro foi pesquisador do Ipea, Coordenador do Programa Eciel (Programa de Estudos Conjuntos de Integração para a América Latina) nos anos 1970 e, à época da elaboração do documento, era Diretor dos Programas de Formação Técnica da OIT. Os colaboradores, todos eles ou estão ou tiveram passagem em órgãos governamentais – Antônio C.R. Xavier, Cláudio Gomes Colin A. Macedo, Emílio Marques, Guiomar Namo de Melo, Maria Tereza Infante e Sérgio Costa Ribeiro.

cupante ainda quando os próprios dirigentes das universidades públicas aderem às ideias da "qualidade total", sem qualificar esta qualidade[16].

Ao depurarmos o discurso ideológico que envolve as teses da "valorização humana do trabalhador", a defesa ardorosa da educação básica que possibilita a formação do cidadão e de um trabalhador polivalente, participativo, flexível, e, portanto, com elevada capacidade de abstração e decisão, percebemos que isto decorre da própria vulnerabilidade que o novo padrão produtivo, altamente integrado, apresenta. Ao contrário do que certas perspectivas apresentavam na década de 1970 que prognosticavam a "fábrica automática", autossuficiente, as novas tecnologias, ao mesmo tempo que diminuem a necessidade quantitativa do trabalho vivo, aumentam a necessidade qualitativa do mesmo.

Dois aspectos nos ajudam a entender por que o capital depende de trabalhadores com capacidade de abstração e de trabalho em equipe. Como nos mostra Salerno, o novo padrão tecnológico calcado em sistemas informáticos projetam o processo de produção *com modelos de representação do real e não com o real*. Estes modelos, quando operam, entre outros intervenientes, face a uma matéria-prima que não é homogênea, podem apresentar problemas que comprometem todo o processo. A intervenção direta de um trabalhador com capacidade de análise torna-se crucial para a *"gestão da variabilidade e dos imprevistos produtivos"* (SALERNO, 1992:7).

---

16. No plano mais geral, são exemplos indicativos desta estratégia os debates recentemente promovidos pelo Codeplan – DF, sobre "Gestão da qualidade: tecnologia e participação" (CODEPLAN, 1992) e pelo Instituto Nacional de Altos Estudos (Inae & Finep, 1993). No plano mais específico da educação evidencia esta tendência relação cada vez mais estreita entre IEL (Instituto Euvaldo Lodi) da Confederação Nacional das Indústrias e o Crub (Conselho de Reitores das Universidades Brasileiras). Só em 1992 o IEL promoveu mais de uma dezena de seminários com diversas universidades. Há universidades que já têm seu "Programa de qualidade total e competitividade". Para uma crítica a este tipo de adesão acrítica cf. Chauí (1993), Cano (1993).

Por serem sistemas altamente integrados, os imprevistos, os problemas não atingem apenas um setor do processo produtivo, mas o conjunto, e o trabalhador parcelar do taylorismo constitui-se em entrave. Não basta, pois, que o trabalhador de "novo tipo" seja capaz de identificar e de resolver os problemas e os imprevistos, mas de resolvê-los em equipe:

> Para enfrentar a 'vulnerabilidade' tecnológica, o capital está redescobrindo a humanidade esquecida do trabalhador assalariado (humanidade ignorada pelo taylorismo). O capital, forçado pela vulnerabilidade e complexidade de sua base tecno-organizacional, passou a se interessar mais pela apropriação de qualidades sociopsicológicas do trabalhador coletivo através dos chamados sistemas sociotécnicos de trabalho em equipes, dos círculos de qualidade etc. Trata-se de novas formas de gestão da força de trabalho que visam a garantir a integração do trabalhador aos objetivos da empresa (CASTRO, 1993:8).

Os aspectos aqui assinalados revelam que estamos diante de um processo em que o capital não prescinde do saber do trabalhador e do *"saber em trabalho"*[17] e é forçado a demandar trabalhadores com um nível de capacitação teórica mais elevado, o que implica mais tempo de escolaridade e de melhor qualidade. Revelam, de outra parte, que o capital, mediante diferentes mecanismos, busca manter tanto a subordinação do trabalhador quanto a "qualidade" de sua formação. Mas é também neste processo que se evidenciam os próprios limites e ambiguidades do ajuste neoconservador e, igualmente, o terreno sobre o qual as forças que lutam por uma democracia substantiva ou por uma sociedade socialista democrática devem trabalhar. Nesta luta, o conhecimento, a informação técnica e política constituem-se em materialidade e alvo de disputa.

---

17. Para uma análise da natureza das questões que uma série de pesquisas buscam evidenciar ao examinar como se explicitam contradições, porosidades e lacunas no processo produtivo que dependem de um saber que se elabora no espaço do trabalho, cf. Heloísa H. Santos (1992) e N.L. Franzoi (1991).

A estratégia mais geral de subordinação dá-se, como vimos, mediante o mecanismo de exclusão social, materializado no desemprego estrutural crescente e no emprego precário, também crescente, na contratação de serviços e enfraquecimento do poder sindical.

O estudo feito por um grupo de pesquisadores americanos, com a participação de pesquisadores de dezenove outros países, para examinar o sistema de produção da Toyota (toyotismo), considerado pela literatura como sendo o sistema que origina os processos de "qualidade total", flexibilização, trabalho participativo, do qual resultou o livro *The Machine that Changed the World* (1990), ao mesmo tempo que expõe uma perspectiva apologética deste sistema, sintetiza sua lógica excludente.

> Trabalhadores em excesso têm que ser expulsos rápida e completamente da fábrica para garantir que as inovações deem certo.

No campo da educação e formação, o processo de subordinação busca efetivar-se mediante a delimitação dos conteúdos e da gestão do processo educativo. No plano dos conteúdos, a educação geral, abstrata, vem demarcada pela exigência da *"polivalência"* ou de conhecimentos que permitam a "policognição".

O conceito de *"policognição tecnológica"*, que busca explicitar as demandas emergentes do sistema produtivo capitalista, dentro do novo padrão tecnológico, se caracteriza por um conjunto de conhecimentos que envolvem:

> a) domínio dos fundamentos científico-intelectuais subjacentes às diferentes técnicas que caracterizam o processo produtivo moderno, associado ao desempenho de um especialista em um ramo profissional específico; b) compreensão de um fenômeno em processo no que se refere tanto à lógica funcional das máquinas inteligentes como à organização produtiva como um todo; c) responsabilidade, lealdade, criatividade, sensualismo; d) disposição do trabalhador para colocar seu potencial cognitivo e comportamental a serviço da produtividade da empresa (PINTO, 1992:3).

A autora indica que o conceito de polivalência é de cunho mais operacional e indica as exigências demandadas do "novo" trabalhador: *"boa formação geral, atento, leal, responsável, com capacidade de perceber um fenômeno em processo, não dominando, porém, os fundamentos científico-intelectuais subjacentes às diferentes técnicas produtivas modernas"* (PINTO, 1992:4).

A distinção acima apreende aquilo que a literatura crítica tem chamado atenção em relação a diferentes formas de "polivalência", já que há tipos de atividades polivalentes que não demandam nenhuma maior qualificação e se trata apenas de intensificação do trabalho[18]. Evidencia, por outro lado, a tensão real sobre a qual se dá a formação e qualificação humana para estar *"a serviço da produtividade da empresa"* quando esta se vê impelida, para manter-se competitiva, a entrar num processo de reconversão tecnológica[19].

Roberto Boclin, um dos mais destacados dirigentes do Senai, que há mais de três décadas trabalha no plano de *"sintonia fina"* na adequação da força de trabalho aos interesses dos empresários e cuja projeção no plano dos empresários da educação o alçou a Presidente do Conselho Estadual de Educação do Estado do Rio de Janeiro, durante o Governo Moreira Franco (ligado às oligarquias do velho Estado do Rio de Janeiro), após uma ampla avaliação da crise do modelo fordista, define o tipo de formação necessária atualmente. Ao fazê-lo, explicita, ao nos-

---

18. Salerno mostra que é preciso distinguir entre "trabalhador multifuncional e multiqualificado": "enquanto o primeiro se caracteriza por operar mais de uma máquina com características semelhantes – o que pouco lhes acrescenta em termos de desenvolvimento e qualificação profissional, o segundo desenvolve e incorpora diferentes habilidades e repertórios profissionais" (SALERNO, 1992:18). Lucília Machado, numa mesma perspectiva e contrastando com a concepção de polivalência o conceito de politécnica, ressalta que a polivalência "não significa obrigatoriamente intelectualização do trabalho, mesmo tratando-se de equipamentos complexos" (MACHADO, 1991:53).

19. A pesquisa "Processo de trabalho, sindicato e conhecimento operário no contexto da reconversão produtiva" sobre o caso AAU do Uruguai (GARAYALDE, 1992) é paradigmático para entender-se os dilemas e dificuldades do capital e a importância do movimento sindical para compreender estes limites.

so ver, como o conceito de polivalência e policognição, na perspectiva dos *homens de negócio* ou seus prepostos, expressam mistificação apologética, necessidades efetivas do capital, ambiguidades e contraposição clara com as perspectivas que situam o homem e suas necessidades como o eixo da produção e da formação.

> Longe de se pensar na desqualificação da força de trabalho pelo advento da informatização, o que se considera é a formação integral do técnico, que de uma certa forma vem a ser a polivalência, distinta dos princípios marxistas e ajustada à realidade do desenvolvimento da ciência e da tecnologia. Vem a ser uma visão teórico-prática que ofereça um aprofundamento do conhecimento, que possibilite a assimilação dos processos de trabalho e que ofereça múltiplas condições de acesso a emprego. A polivalência na escola deve aproximar-se da polivalência do trabalho (BOCLIN, 1992:21).

Esta delimitação, como reiteramos ao longo deste trabalho, não se faz sem contradições e conflitos. As inúmeras receitas dos "consultores de recursos humanos", que anunciam "o que se espera do profissional do ano dois mil", convergem para as seguintes características: flexibilidade, versatilidade, liderança, princípios de moral, orientação global, hora de decisão, comunicação, habilidade de discernir, equilíbrio físico-emocional (jornal *O Globo*, 11/07/1993, p. 42).

Esta demanda real de mais conhecimento, mais qualificação geral, mais cultura geral se confronta com os limites imediatos da produção, da estreiteza do mercado e da lógica do lucro. No caso brasileiro, o atraso de um século, pelo menos, na universalização da escola básica é um dos indicadores do perfil anacrônico e opaco das nossas elites e um elemento cultural que potencia o descompasso do discurso da "modernidade" e defesa da educação básica de qualidade, da ação efetiva destas elites.

O processo constituinte e o longo período de mais de cinco anos de debate na definição da Lei de Diretrizes e Bases da Educação Nacional evidenciam, de forma exemplar, este atraso da fração mais numerosa da burguesia e os dilemas dos setores mais avançados desta mesma burguesia. O peso dos parlamentares de tradição oligárquica barraram avanços mais significativos.

Florestan Fernandes, um dos parlamentares que mais se empenharam na defesa das propostas dos educadores progressistas, representados em um *forum* permanente de 34 instituições científicas e sindicais da área, reiteradamente tem mostrado como as forças conservadoras se opunham à promulgação de diretrizes e bases que configurassem um amplo reforço à escola pública, laica e unitária. Referindo-se ao processo constituinte, Fernandes conclui:

> A educação nunca foi algo de fundamental no Brasil, e muitos esperavam que isso mudasse com a convocação da Assembleia Nacional Constituinte. Mas a constituição promulgada em 1988, confirmando que a educação é tida como assunto menor, não alterou a situação (FERNÁNDEZ, 1992).

Mais tarde, ao examinar o processo de elaboração e definição da LDB, Fernandes, uma vez mais, mostra como estas forças contradizem na prática o discurso da modernidade.

> Eu penso que nós havíamos chegado a um projeto de Lei de Diretrizes e Bases da Educação Nacional que poderia ter vigência durante dez ou quinze anos, até que surgissem discussões para realizar-se um projeto de lei mais adequado às exigências da situação histórica brasileira. No entanto, os interesses que se chocaram dentro do Parlamento são tão destrutivos que o projeto que já havia passado por todas as comissões, e por elas aprovado, acabou, por manobras principalmente de partidos ultraconservadores – como PDS, PFL e outros – voltando à deliberação das comissões. E aí surgiram negociações que tornaram o projeto, já com muitas limitações, muito mais precário. Eu comparo o que aconteceu a um conjunto de decapitações, pelas quais a melhor parte de alguns dispositivos ou foi transformada ou foi eliminada (FERNANDES, 1992:28).

As mutilações e subterfúgios que se foram introduzindo no projeto da LDB colocam o campo educacional como um dos espaços onde claramente – como analisam alguns cientistas sociais – o Estado, enquanto sociedade política (executivo, parlamento e judiciário) não reflete o avanço político-organizativo da sociedade civil. Um único representante das forças ultraconservadoras, deputado A. Tinoco, ligado ao grupo de Antônio Carlos Magalhães, apresentou mais de mil e duzentos destaques.

Pelo confronto entre o texto original do Deputado Otávio Elísio (Projeto de Lei 1.258 de 1988), que transformou em forma de projeto de lei as teses básicas de longos anos de debate dos educadores em seminários nacionais e regionais, nas CBEs (Conferências Brasileiras de Educação), Reuniões Anuais da Anped, cuja síntese se explicita na *Carta de Goiânia* (Reunião da Anped, 1986) – e num texto de Saviani (1988), com o projeto aprovado na Câmara dos Deputados em maio de 1993, pode-se perceber que as mutilações a que se refere Florestan Fernandes deram-se tanto no plano das concepções quanto das *bases*, condição material e efetiva para que os princípios não redundem em querelas escolásticas.

> No plano conceptual e organizativo, o projeto aprovado pela Câmara desvertebra a proposta de escola unitária que compreende o ensino fundamental e médio. Não só fixa uma "terminalidade" com cinco anos de escolaridade como mantém o dualismo entre ensino geral propedêutico e ensino técnico[20].

Já pela proposta fragmentária e dualista da escola fundamental, podemos ver que os representantes dos homens de negócio no Congresso, monitorados pelos organismos classistas, esvaziaram os clamores de uma educação fundamental e média

---

20. É preciso registrar que nesta desvertebração as forças conservadoras tiveram uma surpreendente ajuda mediante o projeto de LDB proposto no Senado por Darcy Ribeiro, elaborado por ele e um pequeno grupo de assessores, como bem mostra F. Fernandes: "Eis que estávamos prestes a sofrer uma decepção única. Nada menos que o Senador Darcy Ribeiro iria tomar a peito de apresentar um projeto de lei de diretrizes e bases da educação nacional no senado. Sua impaciência não permitiu que a Câmara dos deputados terminasse o seu trabalho, ocasião em que o projeto tramitaria normalmente no Senado e sofreria transformações. Por que essa precipitação? O senador como representante do PDT sentiu-se à vontade para aliviar o governo Collor de uma tarefa ingrata. Recebendo suas sugestões (e por essa via os anseios imperativos do ensino privado) e aproveitando como lhe pareceu melhor o projeto mencionado, mostrou aquilo que se poderia chamar de versão sincrética ' oficial' daquela lei" (FERNANDES. Jornal *Folha de S. Paulo*, 1.2, 06/11/1992).

nos moldes do Japão e Tigres Asiáticos (referências obrigatórias nos discursos dos empresários para sinalizar a educação que necessitam os trabalhadores) ou apelos expostos em documentos de empresários tais como:

> Queiramos ou não, estamos em plena era tecnológica [...]. A evidência histórica referente às relações entre educação e produtividade é incontornável. Predominam as altas tecnologias de produção e informação, e nenhum país se arrisca entrar em competição por mercados internacionais sem haver estabelecido um sistema educacional onde toda a população, e não só a força de trabalho, tenha atingido no mínimo 8 a 10 séries de ensino de boa qualidade (PENTEADO, H. IHL, 1992: 5).

Na prática, todavia, o que os representantes dos empresários aprovaram no Congresso foi a terminalidade aos cinco anos de escolaridade. Naturaliza-se, desse modo, o longo e perverso descaso com a educação pública para as classes populares demarcando como patamar possível apenas a alfabetização funcional. Ora, isto entra em total confronto com a ideia de uma formação abstrata capaz de facultar aos futuros trabalhadores uma capacitação para operarem o sistema produtivo sob a nova base tecnológica.

Mas ao examinarmos a proposta de educação técnica e profissional veiculada pelos organismos ligados aos empresários, direta ou indiretamente, perceberemos, mais claramente, o limite e estreiteza das elites na luta para ter o controle privado desta modalidade de ensino, mesmo quando este é mantido pelo Estado. A luta destas elites, com o apoio da maior parte das direções das escolas técnicas e setores atrasados do próprio magistério e funcionários, é de manter o sistema de ensino técnico industrial como um enclave no sistema de educação[21].

---

21. A gestão das escolas técnicas, salvo raras exceções, é profundamente autocrática. Esta estrutura se consolidou sobretudo durante a ditadura, e mesmo com o processo de redemocratização os professores encontram grande resistência para suas lutas até hoje.

O exame mais cuidadoso do tipo de ensino que se oferece nestas escolas, mesmo que seja tido como o de melhor qualidade, revela-nos que é demarcado pela estreiteza do ajuste ao mercado de trabalho. A concepção das ciências: física, química, matemática, biologia e ciências sociais, é, como mostram alguns trabalhos, de natureza escolástica. A seletividade, de outra parte, é total. Há casos em que há uma vaga para 50 candidatos. As evidências estatísticas mostram ser falso para o grupo social que frequenta as escolas técnicas federais o argumento de que é para formar técnicos de nível médio necessários à incorporação ao mercado de trabalho[22].

No plano da formação profissional, evidencia-se ainda mais claramente o descompasso entre o discurso e a prática. Já no processo constituinte efetivou-se um grande esforço para que aquilo que é inusitado em toda a América Latina – a formação profissional estar delegada pelo Estado ao absoluto controle dos empresários – tivesse uma gestão tripartite. Reivindicava-se uma efetiva participação do Estado e das Centrais dos trabalhadores. Nada mais daquilo que o ideário liberal ensina. A mobilização do empresariado e seus prepostos foi extraordinária, e esta proposta não passou.

No processo da LDB buscou-se criar não no Ministério do Trabalho – que em matéria de formação profissional quase sempre foi um condomínio dos interesses privados –, mas no Ministério da Educação, um Conselho Nacional de Formação Técnico-Profissional com a formação tripartite acima assinalada. Esta proposta também foi duramente combatida e não aprovada.

Uma outra exemplificação em nível mais específico que mostra o atraso das elites face até mesmo às suas necessidades é a não aprovação da proposta de liberação dos trabalhadores jovens e adultos, que trabalham e estudam, por um período de duas horas, mantendo-lhes o mesmo salário. Por aí percebemos

---

22. Para uma análise sobre a natureza e qualidade do ensino técnico industrial cf.: Braga (1991), Lopes (1990). Para uma análise da política de ensino técnico na última década sua "melhoria" e expansão, cf. Frigotto e Ciavatta Franco (1992).

qual o efetivo interesse dos empresários para a educação pública e também as dubiedades e conflitos que enfrentam face aos seus interesses.

As posturas político-práticas acima exemplificadas encontram sua expressão mais geral na tese do *Estado mínimo* e na descentralização (autoritária). Na realidade a ideia de Estado mínimo significa o Estado máximo a serviço dos interesses do capital. Postula-se que o Estado reproduza a força de trabalho com um nível elevado de capacidade de abstração – formação polivalente – para tomar decisões complexas e rápidas, o que leva tempo e elevado investimento, mas sem contribuir para o fundo público. Esta contradição decorre, por certo, da forma parcial que a burguesia apreende a realidade social.

O desmonte do Estado no Brasil, na sua capacidade de financiar a educação e outros serviços, como a saúde, que são incompatíveis com a lógica do mercado e do lucro, não chegou a níveis tão perversos como, por exemplo, na Argentina e Chile, porque há forças sociais organizadas que se contrapõem[23].

Como corolário do *Estado mínimo* este desmonte faz-se mediante diversos mecanismos. A apologia da esfera privada e da descentralização como mecanismos de democratização e de eficiência são os mais frequentes. Na prática, a descentralização tem se constituído num processo antidemocrático ao delegar a empresas (públicas ou privadas), à "comunidade", aos Estados e aos municípios a manutenção da educação fundamental e média, sem que se "desentulhem" os mecanismos de financiamento mediante uma efetiva e democrática reforma tributária. Também ignora-se a tradição clientelista que caracteriza a pequena política do interior, fortemente controlada por forças retrógradas[24].

---

23. Os processos de dilapidação do fundo público pelos interesses privados têm sido tão brutais no Brasil e tão naturalizados, que o Partido dos Trabalhadores (PT), a CUT e outras forças de esquerda que tiveram papel decisivo no destronamento de Collor e estão revelando o tecido podre e corrupto plotado nas vísceras do Estado, são criticados pela imprensa – a serviço do conservadorismo – como espiões criminosos, promotores da desordem.

24. Para uma compreensão dos entraves para a educação pública alojados nos microespaços de poder local, cf. Noemia Leroy (1989).

Dentro de uma tradição que apresenta fórmulas mágicas e, portanto, inorgânicas para resolver a questão educacional (Cieps, Ciac, construtivismo etc.) e que Nosella (1993) identifica como sendo resultado da megalomamia e ganância eleitoreira e, de acordo com Cunha (1992), podem advir do *eleitorismo*, do *experimentalismo pedagógico* ou do *voluntarismo ideológico*, a fórmula mais recente junta a ideia dos *"cupons"* de um dos papas do neoliberalismo, Milton Friedman (1980)[25], com a da escola "cooperativa". Na prática cada escola acabaria se tornando um microssistema educacional.

Por esta simbiose, os professores – agora "donos" da escola – seriam remunerados de acordo com a "produtividade". Esta composição vem sendo experimentada, desde o início dos anos 1990, pela prefeitura de Maringá (PR) e tem sido apresentada como meta salvacionista por governos de alguns Estados e pelo próprio Governo Federal através do MEC.

O prefeito de Maringá (PR), o primeiro a concretizar esta "fórmula", foi alçado a uma espécie de embaixador do experimento no país e até em congressos internacionais. A Fundação Getúlio Vargas (RJ) foi convidada a dar respaldo técnico à ideia e, se possível, generalizá-la como modelo num dos Estados da federação[26].

Uma variação desta ideia é o estímulo que o governo vem dando à classe média e mesmo às classes populares para que organizem nas empresas públicas onde trabalham, tipo Banco do

---

25. M. Friedman entende que a escola é uma empresa como qualquer outra e deve ser regulada pelo mercado. Sua tese postula que o governo deveria distribuir "cupons" mediante os quais os pais buscariam no mercado educacional o tipo de escola que melhor atenda às suas expectativas.

26. A FGV do Rio de Janeiro, em 1990, encarnando a era Collor, fechou unilateralmente nove institutos ligados às Ciências Sociais. Dentre eles o Iesae (Instituto de Estudos Avançados em Educação), considerado pela área entre os melhores centros de pós-graduação do País. Dia após dia explicita-se como um escritório de intermediação de recursos (grande parte deles públicos). A razão de fechar os nove institutos foi econômica. Após seu fechamento, todavia, instalou-se mais um posto bancário na instituição, ocupando mais da metade do espaço, sintomaticamente da livraria.

Brasil, Petrobras ou nos bairros e conjuntos habitacionais, escolas cooperativas. O governo, por esta via, dissimula o desmonte do sistema educacional mediante a ideia de cooperativa. A cooperativa de ensino transforma-se assim no *Programa Nacional de Cooperativas Escolares* com um sistema operacional desenhado, prevendo a divisão dos cooperados por renda, profissão, espaço e subsídios dos municípios, Estados e Governo Federal (cf. CEDRAZ, 1992:29-32).

Esta estratégia é reforçada mediante o apoio do Governo Federal ao sistema de escolas da Campanha Nacional de Escolas da Comunidade (Cnec). Em fevereiro de 1993 o governo comprou, mediante convênio, 50 mil vagas na Cnec. Este apoio permite hoje que a Cnec compre espaço de televisão para divulgar seu trabalho. Aquilo que foi criado como um projeto emergencial transforma-se numa política permanente e cada vez mais ampliada.

Na lista infindável de mecanismos de descentralização antidemocrática nos deparamos com convênios mais espúrios como o firmado entre a União com as empreiteiras da construção civil e a Rede Globo de Televisão para um amplo projeto de alfabetização. Pelo que a sociedade está descobrindo, mediante as CPIs do *impeachment* e do Congresso Nacional, as empreiteiras são especialistas na dilapidação do fundo público, mas, pelo que sabemos, não têm credenciais no campo pedagógico-educacional.

No senso comum que se vem formando sobre os problemas da educação e da saúde, o vesgo tecnocrático tem insistido que estes problemas devem-se a um mau gerenciamento e à falta de acompanhamento e avaliação. Junto a este senso comum, o ideário neoliberal ou neoconservador vulgariza a ideia de que o Estado, a esfera pública, é um paquiderme pesado e ineficiente, incapaz de gerenciar e avaliar adequadamente. Como consequência estão surgindo fundações (empresas ou *empreiteiras* de serviços), muitas delas redefinindo seus objetivos originais que se especializam em gerenciamento e avaliação. Já mencionamos acima o caso da Fundação Getúlio Vargas do Rio de Janeiro. Paradigmático, para entender-se esse tipo de intermediação, é o caso da Fundação Cesgranrio.

A Fundação Cesgranrio surgiu, no período ditatorial, para realizar e gerenciar o vestibular unificado no Rio de Janeiro. Com o processo de redemocratização da sociedade, as universidades públicas passaram a chamar a si a função que lhes compete: definir, o mais democraticamente possível, o acesso ao ensino superior. Partindo de uma velha ideia debatida nos meios pedagógicos de se fazer uma avaliação continuada, a Cesgranrio montou um projeto eivado de generalidades e "chavões" que denominou de Sapiens. Há três anos tenta convencer as universidades públicas e o MEC para adotá-lo. Já conseguiu uma autorização do MEC para implantar o projeto, experimentalmente, no Estado do Rio de Janeiro[27].

Na mesma perspectiva de intermediar recursos, a Cesgranrio lança agora o *Projeto de Capacitação de Recursos Humanos e Fortalecimento Institucional das Entidades Integrantes do Programa de Atenção a Menores em Circunstâncias Difíceis*. O que importa aqui não é o complicado título do projeto. Poderia ter outro nome qualquer. O que importa são os recursos que vai intermediar. A primeira parcela de US$ 8 milhões foi liberada pelo BID ao Programa através da prefeitura do Rio de Janeiro (cf. *Jornal do Brasil*, 03/11/1993, p. 13). Por que as universidades públicas (UFRJ, UFF e Uerj), cuja presença de seus reitores foi anunciada para o lançamento do projeto e na realidade vão executar parte, pelo menos, da capacitação, não podem receber diretamente da prefeitura os recursos?

Para caracterizar de forma inequívoca o rumo na contramão que toma a política educacional, pela força do atraso de representantes das elites, contrariando, como dissemos, até mesmo seus interesses, agora no plano da organização do processo pedagógico, assinalamos aquilo que denominamos de *síndrome Chiarelli*.

---

27. Para uma análise crítica da proposta Sapiens e dos vínculos que a mesma busca ter com o poder público, cf.: *Sapiens – Sabedoria ou novas armadilhas para o acesso ao ensino superior?* (FRIGOTTO & CIVATTA FRANCO, 1992).

O Senador Chiarelli, como pagamento do apoio de campanha, recebeu do governo Collor de Mello o Ministério da Educação. Em seus primeiros pronunciamentos, declarou que faria uma *revolução na educação* e tomaria como inspiração o que ocorrera em Cuba neste campo. Além dos Ciacs, postulava uma total descentralização, não apenas administrativa, mas curricular.

A expressão mágica – *adaptar-se à realidade* – foi tomada ao pé da letra. O Ministro confundia os sujeitos que conhecem – *alunos e o seu saber social* – que é (ou deveria ser) sempre o ponto de partida necessário do processo de construção do conhecimento, com o sujeito do conhecimento e sua necessária busca de universalidade, tarefa inequívoca de um projeto pedagógico da escola.

Pela lógica linear do "adaptar-se à realidade", a escola tende a tornar-se uma espécie de *bruaca* onde tudo cabe e dela tudo se cobra: resolver o problema da pobreza, da fome, do trânsito, da violência, etc. Neste período, propôs-se o aumento substantivo de disciplinas na escola primária para atender às diferenças regionais. Exemplar, para entender-se os desdobramentos desta perspectiva, é o depoimento de um subsecretário Estadual de Educação que se deparou com um processo cuja solicitação era de se criar, na escola fundamental, as disciplinas de *suinocultura e avicultura*. A justificativa era de que se tratava de uma região onde se criavam muitos suínos e muitos frangos[28].

Com todos estes limites e mutilações, o projeto de LDB continua encalhado no Senado. E o que temiam as organizações científicas e sindicais ligadas à educação, que desde o processo constituinte se estruturaram num Forum permanente, está ocorrendo. O projeto cai agora na "vala" comum da revisão constitucional. As forças conservadoras, sob o argumento de que a constituição de 1988 foi fortemente influenciada pelas teses do centralismo e do estatismo de inspiração socialista e que agora o

---

28. Para uma análise das perspectivas da educação do Governo Collor cf.: FRIGOTTO, G. Revista *Contexto & Educação*, n. 24. Ijuí, 1991.

socialismo foi liquidado, querem "depurar" o texto constitucional das referidas influências.

Nada mais claro, nesta perspectiva, do que a "pregação" feita por Ernane Galvêas – ex-ministro do governo militar – ao examinar as perspectivas da educação na economia brasileira na década de 1990. Tomando como seu mentor (intelectual e ideológico) um dos mais competentes compiladores de ideias reacionárias – Arnaldo Niskier – é paradigmática, e, entre outras coisas, sentencia:

> Os defensores da educação transformadora atribuem à educação um caráter essencialmente político. Não mais a educação individualizada, mas a educação coletiva, com politização dos conteúdos, o debate das questões sociais. Não a união das classes, mas a luta de classes para que se chegue à escola única. Enquanto se discute essa fraseologia, na prática a educação se deteriora e suas perspectivas como instrumento essencial da nossa esperada redenção econômica tornam-se cada vez mais sombrias (GALVÊAS, 1993:138).

Galvêas, após um longo retrospecto em que discute a educação desde Rui Barbosa, sob influência do positivismo e do marxismo, conclui:

> A maioria dos teóricos da educação no Brasil é de formação marxista. Por isso mesmo, a crítica que se faz à política educacional é que ela é influenciada pelo empresariado capitalista, que só pensa na educação do indivíduo para melhorar a produtividade de suas empresas e aumentar seus lucros. Um besteirol inominável. [...] e, por isso, deve mudar. Mudar revolucionariamente, como se isso fosse possível ou viável. [...].
> Eles procuram usar a educação e a escola para dar aos trabalhadores instrumentos para a luta pela transformação social. Com a queda do muro de Berlim e o fracasso do modelo comunista soviético, essa radicalização deve desaparecer no Brasil. Mas ainda vai levar anos.

Numa conjuntura diversa e adversa às forças comprometidas com a democracia substantiva, as forças conservadoras se articulam para, como mostra Singer (JB, 12/10/1993:11), implementar a idéia de Estado mínimo e as teses neoliberais.

Os "homens de negócio" estão articulados e prontos para fazer valer seus interesses. A Fiesp, no âmbito geral, mediante um documento que expressa suas demandas, monitora os deputados e senadores conservadores. Os organismos ligados à CNI (IEL, Senai, Senac) encaminharam, igualmente, um documento específico ao campo da formação técnico-profissional. Por esta proposta radicalizam-se o dualismo e a fragmentação e o controle privado nesta área.

O que queremos realçar do exposto neste item é que a defesa da educação básica para uma formação abstrata e polivalente pelos *homens de negócio* – condição para uma estratégia de qualidade total, flexibilização, trabalho integrado em equipe – é uma demanda efetiva imposta pela nova base tecnológico-material do processo de produção. Esta perspectiva sinaliza o horizonte e os limites de classe, os dilemas e conflitos face à educação e formação humana que, historicamente, a burguesia enfrenta. Este horizonte e limites, no caso brasileiro, vêm reforçados por uma sobredeterminação do atraso e do caráter oligárquico, parasitário e perversamente excludente das elites econômicas e políticas. Por outra parte, a natureza da materialidade histórica das relações capital-trabalho face à nova base científico-técnica situa o embate contra-hegemônico no campo da educação e formação humana na perspectiva democrática e socialista, num patamar com uma nova qualidade. O conhecimento e sua democratização é uma demanda inequívoca dos grupos sociais que constituem a classe trabalhadora.

3. A formação humana unitária e politécnica: o horizonte dos processos educativos que se articulam aos interesses da classe trabalhadora

A análise até aqui exposta nos indica que a luta contra-hegemônica tem, concomitantemente, várias tarefas de caráter teórico e político-prático. No plano teórico, o embate se define na crítica aos postulados neoliberais e neoconservadores que, no campo da educação, revisitam as perspectivas da teoria do capital humano e, portanto, do economicismo, dos anos 1970, agora com novos conceitos. A educação e o conhecimento são reduzidos a meros fatores de produção alheios às relações de poder[29].

Ainda no plano teórico impõe-se a tarefa de superar posições que se presumem críticas radicais e de esquerda, mas que por sofrerem de uma espécie de "infantilismo teórico-político" acabam reforçando práticas conservadoras. Neste plano as posturas escatológicas, irracionalistas, neoanárquicas ou mesmo a pura e simples perspectiva da resistência não nos levam longe[30].

Neste último tópico, primeiramente mostraremos que o resgate dos conceitos de escola unitária, formação omnilateral e/ou politécnica, tecnológico-industrial produzidas no interior da concepção de homem e do processo de "emancipação humana" em Marx e Engels e posteriormente em Gramsci[31], que surgem na década de 1980 no pensamento educacional brasileiro, susten-

---

29. A análise atenta do que está postulando, face à reconstrução econômica e à reconversão tecnológica a ela articulada, nos mostra que a questão da qualidade total, da flexibilidade e da competência baliza-se, uma vez mais, sobre o velho debate de "atributos" cognitivos (formação geral, capacidade abstrata, policognição) e atitudinais (identificação com a empresa, capacidade de relacionamento grupal etc.), cujo objetivo fundamental é o aumento da produtividade e de sua apropriação privada. Cf. a respeito os textos acima mencionados de Coraggio (1992), Finkel (1992).

30. A elevada aceitação e fixação, por parte de grande número de jovens militantes de esquerda, à "teoria da resistência ou o apego a perspectivas neoanarquistas revelam um limite de apreensão teórica que tem como conseqüência posturas e ações político-práticas problemáticas. O trabalho de Nunes (1990), na área da educação, ressalvadas as legítimas boas intenções, exemplifica estas perspectivas. Para uma análise das tendências da resistência ao plano sociopolítico e educacional, cf. a análise de Arroyo (1990 e 1991).

31. Parece-nos crucial alargar a concepção de escola, como é posta por Nosella ao historiar o pensamento gramsciano: "A noção de 'escola' (...) refere-se a todo o tipo de organização cultural para a formação de intelectuais; essas organizações são criadas e sustentadas historicamente pelas diferentes práticas ou forças produtivas da sociedade" (NOSELLA, 1992:108). De outra parte, também parece-nos fundamental o alargamento que, num outro texto, o mesmo autor dá à concepção de formação politécnica ao circunscrevê-la no âmbito da tecnologia e do industrialismo (NOSELLA, 1993:157-186).

tam-se na mesma materialidade histórico-social das relações sociais de produção e relações políticas de onde emergem os conceitos de polivalência, policognição, multi-habilitação, formação abstrata, tão caros aos *homens de negócio, e,* ao mesmo tempo, demarcam uma perspectiva eticopolítica de formação humana numa direção que lhes é antagônica e interessa às classes trabalhadoras. Velho e novo, arcaico e moderno, no plano histórico, coexistem contraditoriamente.

O segundo aspecto, no plano político, busca assinalar que, no mesmo período em que frações da burguesia brasileira, como indicamos anteriormente, atentas às transformações mundiais e preocupadas com seu destino, redefinem seus organismos de classe e criam novos, no âmbito das classes trabalhadoras emergem um partido de massa (e de classe), um sindicalismo de "novo tipo", movimentos sociais urbanos e movimentos sociais no campo que estão redefinindo as relações entre Estado e sociedade em bases diversas da tradição oligárquica, fisiológica e paternalista. Nesta redefinição aparece claramente o embate pelo controle democrático do fundo público e por uma nova função social da educação. Outra característica destas lutas é que não se reduzem ao momento econômico-corporativo, mas contêm elementos eticopolíticos.

Tomando-se os embates em torno das questões, sobretudo econômicas e sociais no processo constituinte e, para o campo específico da educação, além disso, os debates em torno da definição da LDB, o confronto destas forças sociais parece-nos nítido. Por estes embates concretos as perspectivas apologéticas do fim das classes sociais mediante a *revolução científica e* o surgimento da *sociedade do conhecimento* não encontram sustentação histórico-empírica. Ao contrário, reiterando o que discutimos especialmente no capítulo 2, na ótica de análise desenvolvida por F. de Oliveria, as classes sociais *"quanto mais parecem desaparecer do campo da visibilidade do confronto privado, tanto mais são requeridas como atores de regulação pública. Isto não é um paradoxo, mas contradição das classes sociais hodiernas, que é, também, a mesma do fundo público"* (OLIVEIRA, 1993:140).

3.1. Escola Unitária e Politécnica: a formação na ótica da "emancipação humana"

Se a luta hegemônica se desenvolve sob uma mesma materialidade histórica, complexa, conflitante e antagônica, as alternativas em jogo no campo dos processos educativos se diferenciam tanto pelo processo quanto pelo conteúdo humano e técnico científico. A educação ou mais amplamente a formação humana ou mesmo os processos de qualificação específica para fazer face às tarefas econômicas, numa perspectiva socialista democrática, têm como horizonte permanente dimensões eticopolíticas inequívocas: *"os socialistas estão aqui para lembrar ao mundo que em primeiro lugar devem vir as pessoas e não a produção"* (HOBSBAWM, 1992:268).

Dois conjuntos de categorias – filosófica, pedagógica e politicamente articulados – formaram, na década de 1980, o eixo conceptual em torno do qual buscou-se organizar os processos educativos no conjunto da sociedade brasileira: a concepção de escola unitária e de educação ou formação humana *omnilateral, politécnica ou tecnológica*. É importante perceber como estas categorias efetivamente sinalizam um conteúdo histórico em devir e não são meras elucubrações de visionários[32]. Caberia aqui talvez lembrar o que Marx sinaliza face às tarefas históricas:

> A humanidade só se propõe as tarefas que pode resolver, pois, se se considera mais atentamente, se chegará à conclusão de que a própria tarefa só aparece onde as condições materiais de sua solução já existem, ou, pelo menos, são captadas no seu devir.

---

32. Já mencionamos, anteriormente, o trabalho de José dos Santos Rodrigues (1993), que analisou com extrema perspicácia a base histórica, no Brasil, do processo de construção da concepção de formação politécnica. Todavia, o modismo ou por vezes o oportunismo, aliados à pobreza de cultura política, têm reduzido estas categorias a disputa em itens da legislação ou palavras-pontes, jargões de plataforma de palanque de "pregadores" iluministas. Este infantilismo de esquerda necessitamos combater. O que estamos discutindo aqui é outra coisa. É tentar mostrar como, no tecido das relações sociais, estes conceitos explicitam elementos concretos e possibilidades de avanço político-prático.

Os elementos analisados anteriormente sobre a natureza da nova base técnica mostram-nos que esta, mesmo sob as relações sociais de exclusão vigentes, detém a virtualidade de efetiva melhoria da qualidade de vida para todos os seres humanos. Esta nova realidade técnico-produtiva, como vimos, não só demanda para aquele conjunto de trabalhadores exigidos no processo produtivo bases de conhecimento científico (unitárias), cuja universalidade lhes permita resolver problemas e situações diversas, como também visa a um trabalhador capaz de consumir bens culturais mais amplos. Os princípios científicos da nova base técnica são unitários e universais. Sob este ponto de vista, a distinção entre setor primário, secundário e terciário da economia não faz muito sentido.

Mesmo em realidades como a brasileira, marcadamente defasada na produção de conhecimentos básicos e cuja velocidade e intensidade da reconversão tecnológica é bem menor do que aquilo que está ocorrendo nos centros hegemônicos do capitalismo, até mesmo pelo caráter transnacional que assume a produção capitalista, estão dadas condições virtuais claras.

O que é necessário desbloquear são os mecanismos de exclusão que, ao mesmo tempo que deixam à margem as condições mínimas de vida, em nosso caso mais da metade da população, congelam ou retardam o próprio progresso técnico. Ou seja, o desbloqueio das condições objetivas e subjetivas para o desenvolvimento da *omnilateralidade* humana, particularmente para as classes trabalhadoras, entendida como:

> O chegar histórico do homem a uma totalidade de capacidades e, ao mesmo tempo, a uma totalidade de capacidades de consumo e gozo, em que se deve considerar sobretudo o usufruir dos bens espirituais (plano cultural e intelectual) além dos materiais (MANACORDA, 1975).

A possibilidade de dilatar a capacidade de consumo não se deve, fundamentalmente, à escassez de produção, mas, sobretudo, aos mecanismos sociais que impedem a socialização desta produção.

A tomada de consciência, da forma mais ampla possível, desta realidade histórica para que constitua um elemento de ação política, é um fato crucial. Neste processo, sem dúvida, exerce um papel fundamental o trabalho educativo que se dá, na perspectiva gramsciana, nos diferentes aparelhos de hegemonia. No caso brasileiro, desenvolvemos nos anos 1940 uma rede de radiodifusão ampla e, a partir de 1970, um dos sistemas de televisão mais sofisticados e monopolizados enquanto, inversamente, foi-se desqualificando a escola pública, particularmente seus profissionais[33].

O resgate ou a construção da escola pública *unitária*, quiçá com quase um século de atraso, é um dos problemas básicos a serem enfrentados pela sociedade brasileira, para que a democracia tenha condições objetivas de se efetivar. Aqui, a questão básica permanece na sua anatomia geral, aquela que há mais de 60 anos colocava Gramsci em relação à ruptura da velha escola italiana:

> A luta contra a velha escola era justa, mas a reforma não era uma coisa simples como parecia, não se tratava de esquemas programáticos, mas de homens, e não imediatamente dos homens que são professores, mas de todo o complexo social do qual os homens são expressão (GRAMSCI, 1969)[34].

Ora, isto significa, como sublinha claramente Nosella ao analisar a escola no Brasil dos anos 1980 e os desafios dos anos 1990, que a construção da *escola unitária* pressupõe como materialidade objetiva e subjetiva o desenvolvimento de um *"projeto de política industrial, moderno, original"*. Somente nessa *perspectiva podem ser encaminhados a questão educacional e o tema da "escola unitária"* (NOSELLA, 1993:179).

---

33. Para uma visão sintética do processo de proletarização do magistério, cf. Florestan Fernandes (1989).

34. A concepção de escola unitária desenvolvida por Gramsci tem sido, no Brasil, trabalhada e apropriada de forma dominantemente a-histórica. A análise que, ao mesmo tempo, evidencia este viés e resgata esta categoria básica numa perspectiva fecunda é exposta por Paolo Nosella nos textos: *A escola de Gramsci* (1992) e *A modernização da produção e da escola no Brasil* – O estigma da relação escravocrata (1993).

Esta forma de apreender a relação da escola com a materialidade social na qual ela se produz nos permite perceber que a forma e o conteúdo que assume no seu desenvolvimento não é algo arbitrário. Neste sentido, na escola, os processos educativos não podem ser inventados e, portanto, não dependem de ideias mirabolantes, megalômanas de gênios que dispõem de planos ou de fórmulas mágicas. Depende de uma construção molecular, orgânica, *pari passu* com a construção da própria sociedade no conjunto das práticas sociais. Como nos indica Gramsci:

> Criar uma nova cultura não significa apenas fazer individualmente descobertas 'originais', significa, também e sobretudo, difundir criticamente verdades já descobertas, 'socializá-las' por assim dizer; transformá-las, portanto, em base de ações vitais, em elemento de coordenação e de ordem intelectual e moral. O fato de que uma multidão de homens seja conduzida a pensar coerentemente e de maneira unitária a realidade presente é um fato 'filosófico' bem mais importante e 'original' do que a descoberta por parte de um 'gênio filosófico' de uma verdade que permaneça como patrimônio de pequenos grupos de intelectuais.

No contexto dos embates que se travam hoje na sociedade brasileira na busca de romper com todas as formas de exclusão social e, nos interstícios das possibilidades concretas de construir-se um *"industrialismo de novo tipo"* e processos educativos não imediatistas que concorram para a formação omnilateral e, portanto, para os processos de emancipação humana, a busca do sentido "radical" de *escola unitária*, no plano do conhecimento e no plano político-organizativo, é fundamental.

Os processos de "reconversão tecnológica", como vimos, colocam aos setores capitalistas que queiram ser competitivos a necessidade de um conhecimento no processo de trabalho que não se reduza a fórmulas e técnicas, mas à capacidade de analisar, interpretar, resolver situações novas. Não se trata, pois, de um conhecimento restrito, um adestramento para uma tarefa ou função. Neste processo ampliam-se, também, as demandas culturais do trabalhador. Estas demandas, todavia, tendem a ser aprisionadas no limite quantitativo e qualitativo das necessidades do capital. O desafio está, sob a base contraditória do capital, em dilatar as possibilidades de uma formação tecnológica "unitária" para todos.

Do ponto de vista epistemológico, ou seja, dos processos de apreensão e construção do conhecimento na realidade histórica, o conceito de *escola unitária* nos indica que o esforço é no sentido de identificar os eixos básicos de cada área de conhecimento que em sua unidade detenham a virtualidade do diverso. O princípio da ciência é, neste sentido, por excelência unitário, isto é, síntese do diverso e do múltiplo.

No plano prático do processo de construção do conhecimento, a concepção de escola unitária, em nossa realidade, implica, ao mesmo tempo, vários desdobramentos. O primeiro deles é o de distinguir-se entre o processo teórico-prático mediante o qual o homem, enquanto um ser social, constrói o conhecimento da realidade, da natureza, do conhecimento em si.

Independentemente ou não da escola, tal qual a conhecemos, antes de sua existência, os seres humanos acumularam conhecimento. A realidade na sua dimensão social, cultural, estética, valorativa etc., historicamente situada, é o espaço onde os sujeitos humanos produzem seu conhecimento. Trata-se de uma realidade "singular e particular". É a partir desta realidade concreta que se pode organicamente definir o "sujeito do conhecimento" e os métodos, as formas de seu desenvolvimento. Este, para ser democrático, deve tender à universalidade.

Há, pois, um duplo equívoco a superar no plano da construção de uma escola unitária (democrática). Primeiramente é preciso ter claro que, ao definir-se o conhecimento a ser trabalhado (conteúdos, processos, métodos, técnicas, etc.) para ser orgânico deve ter como ponto de partida a realidade dada dos sujeitos sociais concretos.

> A consciência da criança não é algo 'individual' (e muito menos individualizado), é o reflexo da fração da sociedade civil da qual participa, das relações tais como elas se concentram na família, na vizinhança, na aldeia, etc. (GRAMSCI, 1978:131)[35].

---

35. A compreensão de homem "como uma série de relações ativas, como um processo" e a natureza humana de cada ser como "o conjunto de relações sociais" construídas no bairro, na aldeia, na cidade e, em suma, de todas as "sociedades das quais o indivíduo pode participar", nos permite precisar que não se trata da realidade de cada indivíduo singular, mas do conjunto de relações sociais dentro das quais cada indivíduo produz sua realidade humana (GRAMSCI, 1978:38-44).

Esta realidade é, a um tempo, biológica, social, econômica, política, cultural, valorativa etc. Não podemos, pois, reduzir este ponto de partida às dimensões cognitivas, mesmo quando o problema a ser enfrentado seja de ordem cognitiva e muito menos a uma perspectiva psicologista.

O equívoco acima, ainda que fortemente presente, talvez não seja hoje, no campo educacional, o mais ardiloso. Num contexto, de um lado, do exacerbamento do individualismo alimentado pela ideologia neoliberal (fetichismo do mercado) e, de outro, pela mistificação do particular, do individual, do subjetivo "narcísico desejante" (crise da razão instalada pelo pós-modernismo), como nos mostra Chauí (1993), o risco mais presente é afirmarem-se as condições particulares ponto de partida num inorgânico ponto de chegada. A síndrome Chiarelli, a que nos referimos acima, comumente é reforçada pelo esquerdismo ou por muitos profissionais que aderem acriticamente a pedagogias que seguem o ideário do *laisser-faire* ou ao populismo pedagógico[36]. Uma forma sutil e antidemocrática de relações educativas é, sem dúvida, a reificação do senso comum, do folclórico, da realidade dada dos desenraizados e excluídos.

A realidade socialmente dada necessita ser elaborada, desenvolvida no horizonte de maior universalidade. Democrática é a escola que é capaz de construir, a partir do dialeto (linguístico, gnoseológico, valorativo, estético, cultural, em suma) uma ordem mais avançada e, portanto, mais universal[37].

---

36. O esvaziamento das licenciaturas e da faculdade de educação, de um lado, produzido pela Reforma Universitária do Regime Militar baseada na fragmentação e no tecnicismo e, de outro, pela desvalorização do professor, constitui-se num limite objetivo na construção da escola unitária.

37. O caráter democrático da escola não consiste na visão de que todas as crianças e jovens devam ter o mesmo atendimento, já que as condições historicamente dadas são de uma brutal desigualdade. Democrática é a sociedade e a escola que instauram um processo de relações cujo horizonte histórico seja a equalização no plano do conjunto de condições necessárias à emancipação humana. E, como nos mostra Gramsci, "Se se quiser criar uma nova camada de intelectuais chegando às mais altas especializações, própria de um grupo social que tradicionalmente não desenvolveu as aptidões adequadas, será preciso superar dificuldades inauditas" (GRAMSCI, 1979:139).

Esta forma de conceber a relação da escola com a realidade social, ao contrário de dilatar o currículo escolar na lógica da particularidade de cada problema que aparece criando novas matérias sem base *disciplinar orgânica*, e portanto uma forma arbitrária, coloca o desafio de se identificar os "núcleos unitários" historicamente necessários dos campos de conhecimento que tratam da *societas rerum* e *societas hominum* e que, uma vez construídos e apropriados concretamente, permitam ao aluno, ele mesmo, analisar e interpretar as infindáveis questões e problemas que a realidade apresenta[38]. A lógica de se buscar criar para cada novo problema uma nova disciplina ou deter-se na particularidade de cada situação, de cada dialeto, é instaurar um processo de dispersão e indisciplina intelectual.

A perspectiva da escola unitária, na prática da identificação e organização dos conhecimentos (necessários e não arbitrários) tem inúmeras outras implicações. Dentre estas, destaca-se a superação das polaridades: conhecimento geral e específico, técnico e político, humanista e técnico, teórico e prático. Trata-se de dimensões que, no plano real, se desenvolvem dentro de uma mesma totalidade concreta[39]. Tanto a identificação do núcleo necessário de conteúdos quanto os processos, os métodos, as técnicas não podem ser determinados nem pela unilateralidade da teoria (teorismo), nem pela unilateralidade da técnica e da prática (tecnicismo, ativismo), mas na unidade dialética de ambas, ou seja, na e pela práxis[40].

---

38. É comum hoje atribuir-se o pouco efeito das campanhas de proteção à saúde (sarampo, desidratação, Aids etc.) a deficiências técnicas destas campanhas. Isso pode ocorrer. Todavia, numa população semianalfabeta ou instruída por processos de caráter metafísico ou fragmentário, o problema crucial é a incapacidade desta população de decodificar o significado das mensagens.

39. Karel Kosik, por certo, é um dos autores que melhor nos ajuda a entender esta dimensão da dialética do real. Cf. Kosik (1976).

40. Esta é uma questão crucial. Ela se coloca diametralmente oposta às perspectivas messiânicas que de tempos em tempos elegem determinados métodos como salvacionistas. No momento, o construtivismo é uma espécie de "totem" eleito para extirpar as mazelas do analfabetismo e do fracasso escolar. Na perspectiva que nos situamos neste debate, vendido como bezerro de ouro, na forma que é mistificado, não passa de um simulacro, um bezerro de barro.

A organização e identificação de núcleos necessários de conhecimento a serem desenvolvidos têm como exigência um trabalho de natureza interdisciplinar. Os recortes da realidade delimitados, por serem unidade do diverso, engendram na sua especificidade as "qualidades" ou a materialidade da totalidade. A interdisciplinaridade é pois uma característica da realidade. Nas condições históricas objetivas da sociedade capitalista, por ser a realidade humana cindida, fragmentada e alienada, o trabalho interdisciplinar padece de limites materiais objetivos e limites políticos, ideológicos e valorativos[41].

O caráter unitário diz respeito, também, à ruptura com toda a espécie de dualismo na organização do sistema educacional. "Qualidade total", pedagogia da qualidade etc., na perspectiva da emancipação humana, pressupõe a ruptura do velho industrialismo e da modernidade fundados na exacerbação da exclusão social, portanto, nada "original" e a emergência de um industrialismo de novo tipo. Sob o industrialismo marcado pela exclusão, o campo educativo fica bloqueado quer pelas perspectivas elitistas quer pelo parâmetro imediatista, utilitarista, "interesseiro" e excludente do mercado.

Tomando-se a formação qualificação (mesmo na ótica restrita da produção material), na perspectiva do desenvolvimento humano nas suas múltiplas dimensões como exigências das diferentes necessidades do ser humano, ver-se-á que o espaço mais adequado e prévio para ulterior desenvolvimento é efetivamente a democratização da escola básica unitária tecnológica e/ou politécnica de primeiro e segundo graus. A perspectiva unitária e politécnica demarca a necessidade de romper-se, como já assinala-

---

41. A forma mais frequente de como os textos pedagógicos tratam da questão interdisciplinar inscreve-se numa perspectiva vulgar. Aparece como uma espécie de *sopa metodológica*, como técnica de relacionar conteúdos ou processos educacionais. Para uma apreensão da questão do trabalho interdisciplinar como "necessidade e como problema" no plano epistemológico, cf. Follari (1992) e Frigotto (1991 e 1992).

mos, com as dicotomizações de formação geral e específica, humanista e técnica, teórico e prática etc.[42]

Assim percebida a formação humana nos explicita que o efetivo acesso à escola básica unitária, tecnológica ou politécnica constitui-se numa exigência para a qualificação da força de trabalho para o processo social em todas as suas dimensões, ao mesmo tempo, requisito do horizonte teórico e político dos processos de formação técnica e profissional mais específicos[43].

3.2. A dilatação da esfera pública: Da resistência à alternativa política ao neoconservadorismo na educação

A discussão até aqui empreendida na sua perspectiva teórica e política nos indica que, tanto no plano econômico-social quanto educacional, o avanço democrático no Brasil engendra, ao mesmo tempo, a *necessidade* de superação do plano da *resistência* e a possibilidade de construção de uma alternativa.

A direção do embate, na forma poética expressa por Mao Tsé-Tung (1979), implica a capacidade de se *entrar na jaula dos tigres para apanhar-lhes as crias*. Ou, como nos ensina Gramsci, esta luta contra-hegemônica requer aguçar a inteligência para analisar melhor a realidade, ter vontade política e, sobre-

---

42. Para uma ampla análise destas questões no debate da educação brasileira na última década, cf. SAVIANI, Nereide. *Saber escolar, currículo e didática*: problemas da unidade conteúdo/método no ensino. São Paulo 1993 [Tese de doutorado].

43. Nosella sinaliza-nos que se há um crescente consenso entre aqueles que analisam a relação trabalho-educação sobre a importância dos elementos subjetivos e objetivos da tecnologia na formação humana, tal consenso ainda se expressa com timidez: "A tecnologia não apenas apresenta as marcas da subjetividade humana, individual e coletiva; ela própria nada mais é que a filha dum homem historicamente determinada. A tecnologia é a cara do homem" (NOSELLA, 1993:181). Nesta mesma perspectiva Bottmore (1987) afirma: "Seria possível dizer que o marxismo é a teoria e prática socialistas de sociedades especificamente tecnológicas. Ou seja, se o trabalho humano que transforma a natureza e tem em vista objetivos coletivos humanos é de importância fundamental para a concepção marxista de práxis, a tecnologia é o produto".

tudo, organização. Trata-se, pois, de um embate que se dá no terreno teórico e político-prático, ou seja, no plano da práxis.

Na realidade brasileira, não obstante a gravidade da crise do Estado e da sociedade em seu conjunto (crise econômico-social, política e ético-valorativa) diferente dos embates pelas reformas de base do final da década de 1950 e início da década de 1960, existem hoje forças políticas de "novo tipo". Isto pode-se evidenciar, pelo menos, em três níveis.

Partidos ideológicos não são novidade em nossa história. O inventário de seu papel e seus equívocos, em boa parte, está feito[44]. A novidade reside na emergência de um partido ideológico de massa – Partido dos Trabalhadores (PT) – vinculado organicamente aos interesses das classes trabalhadoras.

O sindicalismo também não é novidade. Seu inventário histórico foi realizado de forma bastante exaustiva. A novidade está na emergência de um sindicalismo de "novo tipo"[45]. O debate sobre as câmaras setoriais nos ajuda a entender os sinais desta novidade. Francisco de Oliveira, neste debate, qualifica a natureza do novo sindicalismo bem como afirma a positividade da dimensão político-corporativa qualificando-a no plano histórico concreto[46].

> Mas não se trata mais do corporativismo intransparente e burocrático de herança fascista que reina no país desde Vargas, onde ninguém representa ninguém. Trata-se é de corporativismo assentado em entidades representativas reais e num Estado costurado na transparência da competição entre as partes. Que fique claro: são transparentes as regras de luta política (pois é disto que se trata), seus conteúdos e o poder de barganha de cada parte. Por outras palavras, o acordo

---

44. Cf. a este respeito KONDER, L. *A derrota da dialética*. [s.l.]: 1989.

45. Para uma visão da natureza, dificuldades e impasses do "novo" sindicalismo, cf. Zanetti (1993).

46. Antônio Gramsci, em *Maquiavel, política e o Estado moderno*, ao analisar o plano de correlação de forças numa determinada conjuntura, mostra-nos que a luta econômico-corporativa é uma primeira dimensão da consciência de classe (GRAMSCI, 1978b).

das montadoras inaugura as câmaras setoriais como mecanismo capaz de politizar em sentido forte as relações entre as classes sociais e grupos de interesse, pois publiciza a luta econômica (OLIVEIRA, F. de. Folha de S. Paulo, 1993).

Por fim, mas não com menor importância, tomam uma nova dimensão os movimentos sociais urbanos e do campo. Aqui também vários trabalhos expõem as características, natureza e dificuldades destes movimentos: De Oliveira (1988), Jacobi (1986, 1987), Kowarick (1987), Martins (1987), Singer e Brant (1980), Gohn (1993), entre outros. Na área especificamente educacional vários trabalhos indicam-nos o papel destes novos atores sociais: Spósito (1993).

Estas diferentes formas de organização e de ação política de imediato sinalizam numa direção oposta do ideário dos apologetas da sociedade do conhecimento e das teses do fim da sociedade do trabalho que eliminam a *priori* as classes e conflitos sociais. Também mostram o caráter imobilista, e neste sentido reacionário, das perspectivas irracionalistas, ao estilo de Kurz, que oferecem como substitutivo das classes e grupos sociais enquanto sujeitos históricos coletivos que lutam pela dilatação da esfera pública e da democracia representativa, a possibilidade da união dos homens e mulheres de bem, movidos pela *razão sensível* para lutar contra a burocracia e aparatos militares e policiais.

No plano do embate concreto, há desafios que não podem ser subestimados e que, no caso brasileiro, tomam proporções maiores, de um lado pelo caráter opaco da ação das elites econômicas e políticas, historicamente excludentes e violentas e, de outro, a exígua cultura política de grande parte da esquerda.

A tradição escravocrata, oligárquica, paternalista e clientelista da elite econômico-política e, em grande parte, da elite intelectual do Brasil, faz com que a alternativa da direita de países como Inglaterra e Estados Unidos de atacar os gastos sociais públicos e propor no lugar do *"Welfare State, o Estado caritativo e assistencialista"* – com a possibilidade pior de se mesclar assistencialismo e repressão, como nos mostra De Oliveira (1988:26) – se apresente aqui com mais virulência[47]. O monopólio *"global"*(!) da mídia encarrega-se de maximizar o arrastão dos *"jovens infelizes"*, de que nos fala Pasollini (1990), produtos da exclusão social e apinhados nos subúrbios dos grandes centros urbanos ou utilizar o massacre de crianças da Candelária (Rio 1993) para incentivar os processos de intervenção autoritária e ignorar o arrastão dos golpes do mercado financeiro, do assalto ao patrimônio público mediante a venda de empresas estatais de forma fraudulenta e de quadrilhas instaladas no executivo, legislativo e judiciário que transformam o fundo público num condomínio privado.

Pelo lado das forças da esquerda a falta de um aprofundamento teórico e, consequentemente, de compreensão histórica da complexa relação entre estrutura e conjuntura, leva grande parte dessas forças a substituir a análise dialética capaz de apreender os conflitos e contradições e as armadilhas e possibilidades da *travessia*, por posturas moralistas, escatológicas e dogmáticas. Por este terreno desenvolvem-se as teses do *quanto pior melhor* ou as estratégias voluntaristas e arrogantes[48].

Um dos equívocos mais frequentes e sérios pelas suas consequências políticas é a postura que amplos setores da esquer-

---

47. Adam Schaff no trabalho que faz para o Clube de Roma (Sociedade informática, 1990, anteriormente mencionada) alerta para o fato de que se não for adotada a estratégia de socializar o produto do trabalho social a alternativa é a exclusão da maioria e a manutenção do privilégio de poucos pela violência. O caso argentino de ajuste neoliberal, como no-lo retrata Atílio A. Borbon (1991), traz cada dia mais clareza que este modelo, que é para poucos, não só pressupõe a exclusão da maioria como a violência e repressão como estratégias de manutenção da "ordem".

48. Em recente ciclo de debates Hugo Zemelamen, sociólogo chileno que, por força do exílio, após o golpe e o assassinato de Allende, exilou-se no México onde trabalha até hoje, lembra que sem o inventário crítico do passado recente dos intelectuais da esquerda sobre suas estratégias políticas, os erros podem voltar a repetir-se. Lembra, de outra parte, que muitos intelectuais latino-americanos que se alinhavam às forças de esquerda negam-se a este inventário e preferem formar o grupo dos *"neoliberais de esquerda"*, que rapidamente são cooptados pelos organismos que representam o capital internacional como consultores do "ajuste", nas diferentes áreas (ZEMELAMEN, Hugo., 1993).

da têm frente ao Estado e à relação sociedade e Estado. Celso Furtado debita esta confusão, em grande parte, ao golpe militar de 1964:

> Os militares tomaram espaço demais para o Estado em tarefas que não eram dele. Por outro lado a luta contra a ditadura colocou a sociedade contra o Estado. Governo e Estado se confundiram (FURTADO, 1993).

Esta confusão, no plano do debate e da análise, se explicita pelo erro de fixar-se na perspectiva metafísica do *dever ser* e na polarização do Estado ou não Estado. Isto funciona como um bloqueio para que a questão, politicamente correta – *qual Estado?* –, seja formulada e debatida. No plano prático isto se traduz na defesa de políticas localistas ou reforçando formas abertas ou disfarçadas de privatismo em campos que o mercado não pode democraticamente regular.

A direção teórica e política que assumimos neste trabalho, na perspectiva das análises, especialmente, de E. Hobsbawm e de Francisco de Oliveira, nos leva a perceber com eles que a construção de formas sociais efetivamente democráticas (e, portanto, socialistas) têm como exigência que os sujeitos sociais coletivos (classes, grupos e movimentos sociais) tenham capacidade efetiva de ampliar a esfera pública e de ter "acesso e manejo do fundo público". Isto significa dar transparência à ação política e tornar efetivamente público aquilo que historicamente foi manejado pelo estreito interesse privado do capital.

A primeira ideia fundamental a fixar, em decorrência da perspectiva acima, é a de que o "mercado", mesmo onde existe uma materialidade de instituições que lhe dão densidade concreta, é incapaz de democraticamente atender direitos como o da educação, saúde e habitação. Direitos não são mercantilizáveis. O desmonte do Estado nestas áreas significa desmonte de direitos. Os efeitos do abandono do Estado no campo da saúde e educação básica nos oferece um quadro perverso. Trata-se de uma violência, incomensuravelmente maior que os arrastões. Há pois que se ampliar o papel do Estado nestas áreas.

As políticas em curso de delegar a empresas privadas, bancos etc. a tarefa de salvar a escola básica e as propostas de escolas cooperativas a cargo dos bairros, centros habitacionais ou de empresas (fundações) prestadoras de serviços educacionais que trafegam recursos públicos são subterfúgios e, portanto, estratégias antidemocráticas. Bancos, emissoras de rádio e TV e empresas devem pagar os impostos que lhes cabem. Ao Estado compete gerir democraticamente os recursos. O volume fantástico de recursos públicos repassados a empresas como a TV Globo, acrescidos das isenções, em nome de programas educativos que são passados em horários pouco comerciáveis, são uma prática perversa de dilapidar o fundo público sem avaliação e controle pela sociedade organizada.

Mas aumentar pura e simplesmente o tamanho do Estado na educação e saúde significa pouco se não se alterarem os processos de gestão do fundo público. Neste particular a ideia central é a que expõe F. de Oliveira e P. Singer, entre outros, de que o Estado (sociedade política) deve ser permeado pela ação da sociedade civil organizada. Os processos de gestão necessitam ser democráticos no método, no conteúdo e na forma (OLIVEIRA, F. de, 1992).

As teses básicas em termos de educação, postas no processo constituinte e no processo de formulação da LDB, sobre gestão democrática, afirmam esta direção. As ideias que orientam as mudanças dos critérios de composição e de função dos Conselhos (nacional, estadual e municipal) de educação são as que tiveram maior resistência do aparato burocrático e das forças reacionárias e privatistas.

Uma segunda estratégia, que tem sido utilizada para esmaecer o caráter público da educação, deriva dos processos de descentralização e municipalização do ensino. Na delegação de responsabilidade aos Estados e municípios e, por vezes, à iniciativa privada, como é o caso da expansão do ensino técnico agrícola e industrial, a descentralização e municipalização constituem-se em formas autoritárias e antidemocráticas de gestão educacional. Não se trata aqui de defender o centralismo burocrático nem de se cair na oposição falsa entre o federal, estadual e municipal.

A questão é de outra natureza. Trata-se de articular estas esferas dentro de um projeto unitário e orgânico de educação[49].

Um terceiro aspecto, mais dissimulado de privatização e estreitamento do caráter público da educação, localiza-se no cerco empreendido pelos *homens de negócio* – através de seus organismos de classe e setores do aparelho burocrático do MEC e Ministério do Trabalho – sobre o ensino técnico e a formação profissional. Este cerco se prolonga por dentro destas instituições por uma tradição autocrática de gestão que se arrasta desde a era Vargas até hoje.

Tradicionalmente o sistema de ensino técnico industrial e agrícola tem-se pautado pelos critérios delimitados do mercado e, não raro, estas escolas e centros que são melhor dotados de recursos públicos neste nível de ensino transformam seus espaços numa continuidade das empresas privadas que, de diferentes formas, delas se beneficiam.

No processo de definição da LDB, o *loby* do ensino técnico propõe uma radicalização do dualismo, mediante a formação de um subsistema de ensino "tecnológico" que vai da escola básica à pós-graduação. A base da argumentação passa pelo ideário da teoria do capital humano, atualizada pelas "teses" da sociedade do conhecimento e da "qualidade total".

A direção da luta democrática não está em desmantelar o ensino técnico, mas de transformá-lo na perspectiva da educação tecnológica ou politécnica (de novo tipo), e dentro do sistema unitário de ensino. Não há razões de ordem econômica e menos ainda políticas e éticas para manter-se o dualismo atual ou, o que é pior, de ampliá-lo.

---

49. Esta articulação implica a luta contra todas as formas de propostas educativas inorgânicas fundadas na *megalomania, no imediatismo eleitoreiro, no experimentalismo e voluntarismo* que por não tomarem a escola e os processos educativos como expressões orgânicas da sociedade criam-nos idealista e imaginariamente e lhes atribuem papéis salvacionistas. A tarefa a implementar não passa pela pirotecnia, mas pelo caminho do "bom-senso, da construtividade e da intervenção orgânica".

Finalmente, dentro do embate de ampliação da esfera pública e o controle democrático na gestão da formação humana, há uma longa travessia no âmbito do ensino técnico profissional. Trata-se de um campo muito articulado a interesses imediatos da classe trabalhadora e em torno do qual se mantêm grandes expectativas muitas vezes falsas.

No campo da formação profissional, como assinalamos anteriormente, as forças preocupadas com a efetiva emancipação humana dos trabalhadores, comprometidas com as mudanças estruturais da sociedade brasileira, por entender a natureza e características da produção e das relações sociais e políticas deste final de século, deve defender como a mais adequada para a qualificação humana, e, em consequência, para a formação profissional, a universalização da escola unitária que envolve o ensino básico e médio (atual segundo grau) como um direito de toda a criança e todo o jovem e um dever do Estado.

Esta é uma luta na qual está implicada a própria viabilidade de uma efetiva democracia. Uma tarefa política urgente é para que os recursos do *fundo público* que são desviados, em forma de múltiplos incentivos a empresas lucrativas ou diretamente em forma de concessões e convênios (bancos, emissoras de televisão, etc.), sejam concentrados para o financiamento da escola básica unitária.

Concomitante a esta luta, há uma gama de demandas reais e de instituições que se ocupam da formação técnico-profissional e necessitam ser submetidas ao mais amplo controle democrático. De forma geral, historicamente, o controle da natureza desta formação tem ficado nas mãos unilateralmente do capital, através de instituições próprias ou instituições que o representam. É da legislação de cunho fascista da era Vargas que se monta no Brasil um sistema unilateralmente privado de formação profissional. Trata-se de uma situação única da América Latina.

A luta imediata da sociedade organizada, dos partidos e dos sindicatos progressistas e dos movimentos sociais é para uma transparência sobre o volume de recursos investidos, incluídas todas as fontes em instituições como Senai, Senac etc. Luta que implica a participação do Estado (e um Estado efetivamente democrático) e dos trabalhadores, além dos empresários na gestão dos recursos e na condução política, filosófica e pedagógica da formação profissional. Em síntese, é tempo de democratizar estas instituições. Muitos profissionais que nelas atuam encampam esta perspectiva.

Outro aspecto onde a formação profissional se efetiva é no interior das próprias empresas. Aqui também há incentivos que devem ser democraticamente controlados. Por isso é dever do Estado e pauta de lutas democráticas dos trabalhadores exercer um controle também nestes espaços. As empresas podem, espertamente, contabilizar, como gastos em formação profissional, inúmeras atividades que efetivamente não são.

Os trabalhadores, através de suas organizações políticas e sindicais, também devem lutar pela orientação político-técnica da formação. O controle da natureza da formação profissional dada no *chão da empresa*, a exemplo do que ocorre hoje na Itália, deve ser pauta de negociação[50]. A sociedade e os trabalhadores, através de suas organizações políticas e sindicais, devem ter informações claras, por exemplo, sobre o tipo de formação que se efetiva em instituições educativas da Fundação Bradesco, Banco do Brasil, ou em programas educativos da Rede Globo. Quem define a filosofia destes programas? Qual o custo? De onde são tirados estes recursos? Quem presta conta a quem? Quem é atendido e quantos?

No plano das lutas dos sindicatos, organizações e partidos progressistas, deve estar em pauta, também, a reivindicação da criação de centros públicos de formação profissional, além de

---

50. O último contrato coletivo orientado pela Central Italiana CGLI (1993) inclui na pauta de negociação a participação efetiva dos trabalhadores na definição do tipo de formação específica que se faz no chão da fábrica. Trata-se de disputar o "espaço" que sempre foi domínio do capital e dar-lhe maior transparência. Como sublinhava G. Giovannini, um dos dirigentes da CGLI, num colóquio de que participei em Bolonha, o esforço situa-se no sentido de transformar a competência técnica, profissional em elemento de negociação política. Não se trata de obscurecer o conflito, como busca a estratégia de gestão japonesa. Trata-se de trabalhar transparentemente o conflito.

buscar-se descobrir espaços ociosos que podem ser potencializados para esta finalidade. A tradição política conservadora brasileira tem um vínculo ainda não suficientemente esclarecido com as grandes empreiteiras da construção civil[51]. Há inúmeros "elefantes brancos" cuja preocupação acaba com a inauguração. Um exemplo claro chega ao conhecimento da sociedade brasileira após o massacre de quase uma dezena de menores num único ato brutal no Rio de Janeiro – massacre conhecido como *chacina da Candelária*. Construiu-se, em Quintino (RJ), um moderno centro de formação que pode atender até 5 mil jovens e está concluído há cinco anos e nunca foi utilizado. De quem é a responsabilidade? Não há crime nesta displicência?

Em suma, a educação e mais amplamente a formação humana enquanto práticas constituídas pelas relações sociais não avançam de forma arbitrária, mas necessária e orgânica com o conjunto das práticas sociais fundamentais. Neste sentido a luta pela ampliação da esfera pública no campo educacional pressupõe a ampliação do público em todas as esferas da sociedade, principalmente no plano das relações econômicas e políticas.

As velhas questões das mudanças estruturais como as da reforma agrária, redistribuição de renda, etc. necessitam ser alçadas ao debate político transparente. Neste sentido, como indica Singer ao referir-se ao embate sobre a reforma constitucional, não basta fixar-se na resistência:

> Numa situação de crise como a nossa, não dá para se opor a propostas de mudança sem propor outras mudanças. As forças que representam os interesses da maioria pobre têm de elaborar um projeto consistente da saída da crise e derivar dele as mudanças constitucionais necessárias. [...] Cabe agora reinventar um Estado mais permeável à sociedade civil, que se coordene com as grandes classes sociais para dar cabo da in-

---

51. O conhecido esquema Paulo César Farias (caso PC), e o escândalo da Comissão de Orçamento do Congresso Nacional, revelado pelo ex-assessor José Carlos Alves dos Santos, começam a explicitar o tamanho do pântano e a natureza do lodo na relação empreiteiras e políticos (Ministros, senadores, governadores, prefeitos).

flação e inaugurar nova etapa de desenvolvimento com distribuição de renda (SINGER, Jornal do Brasil: 12/03/.1993:11).

Quanto mais as forças progressistas comprometidas com a democratização da sociedade vislumbram a possibilidade de assumir a direção do Estado brasileiro, tanto mais urgente se coloca a tarefa de adquirir e exercitar a competência (política e técnica) de transcender a pedagogia da resistência e passar a alternativas demarcadas pela transparência e, portanto, pelo exercício efetivo da democracia. Nesta perspectiva, nem a história acabou e, menos ainda, a luta para a construção da utopia socialista. Nesta luta a efetiva democratização da escola pública unitária, de todos os processos de formação técnico-profissional e dos meios de comunicação social não pode mais ser postergada. Trata-se de uma condição necessária para que a cidadania concretamente possa desenvolver-se e constituir-se para a grande maioria da população brasileira.

Para além do discurso apologético da *sociedade do conhecimento, da qualidade total, da formação flexível e polivalente,* categorias que reeditam o ideário da teoria do capital humano, numa nova materialidade histórica, e, portanto, os mecanismos de exclusão, pulsa uma realidade social, cultural e política construída, particularmente, mas não só, nas últimas quatro décadas nas lutas por direitos civis, sociais, em suma, por uma cidadania real e efetiva para as classes trabalhadoras. É na avaliação crítica desta trajetória que reside a força política para não apenas resistir, mas disputar no plano da sociedade e no plano da educação uma proposta alternativa.

Referências bibliográficas

ARROYO, M. Revendo os vínculos entre trabalho e educação: elementos materiais da formação humana. In: SILVA, T.T (org). *Trabalho, educação e prática social.* Porto Alegre: Artes Médicas, 1991, p. 163-216.

_____. "O princípio educativo: o trabalho ou a resistência ao trabalho? *Teoria & Educação*", n. 1, 1990, Porto Alegre.

ANDERSON, P. *O fim da história* – De Hegel a Fukuyama. Rio de Janeiro: Zahar, 1992.

BOYER, R. *New technologies and employment in the 1980s*: from sciences and technology to macroeconomic modelling. Paris: Cepremap, 1986.

BRAGA, M.A.B. *Educação, ciência, tecnologia e produção*: A educação científica como ideologia na formação dos trabalhadores técnicos. Rio de Janeiro: PUC, 1991 [Dissertação de mestrado].

CAMPOS, R.C. de. *A luta dos trabalhadores pela escola*. São Paulo: Loyola, 1989.

CASTRO, R.P. *As questões da qualificação e da educação e a nova base técnica do capitalismo*. São Carlos: Ufscar, 1992 [mimeo.]

CEDRAZ, M. "Cooperativismo educacional". *Veracidade* – Revista do Centro do Planejamento Municipal. Ano 2, dez 1992 Salvador.

CEPAL/UNESCO. *Educación y conocimiento*: eje de la transformación productiva con qualidad. Santiago do Chile, 1992.

CHAUÍ, M. *A universidade diante da vocação científica e da vocação política*. Boletim da Abea, Rio de Janeiro: abr. 1993.

CHOMSKI, N. Os novos senhores do mundo. São Paulo: Jornal *Folha de S. Paulo*. Caderno 6, 25/04/1993, p. 18.

CORIAT, B. *A revolução dos robôs*: o impacto socioeconômico da automação. São Paulo: Busca e Vida, 1989.

_____. L'atelier et le chronomètre: essai sur le taylorisme, le fordisme *et la producion de masse*. Paris: Christian Bourgeois Éditeur, 1979.

CORAGGIO, J.L. *Economía y educación en América Latina*: notas para una agenda. Equador: Flacso, 1993 [mimeo.].

CUNHA, L.A.C. *Educação, Estado e democracia no Brasil*. São Paulo:, Cortez/Eduf e Flacso, 1991.

ENGUITA, M.F. *Tecnologia e sociedade*: a ideologia da racionalidade técnica do trabalho e educação. In: SILVA, T.T., op. cit. p. 230-253.

_____. *A face oculta da escola*: educação e trabalho no capitalismo. Porto Alegre: Artes Médicas, 1989.

FERNANDES, F. "Conservadores mutilam o projeto de educação nacional". *Revista Plural,* ano 2, n. 2, jan./jun. 1992, Florianópolis.

_____. Conferências. *A formação do educador na construção da democracia*. Rio de Janeiro: 1991, p. 23-30.

FINKEL, S.M. de. "Crisis de acumulación y respuesta educativa a la 'nueva derecha'". *Revista Argentina de Educación*. 1990, Buenos Aires.

_____. El capital humano: concepto ideológico. In: LABARCA, G. *La educación burguesa*. México: Nueva Imagen, 1977.

FRANZOI, N.L. O modelo japonês e o conhecimento informal do trabalhador no chão de fábrica. Porto Alegre: URGS, 1991 [Dissertação de mestrado].

FREYSSENET, M. *Les liens entre la qualification de la main d'oeuvre et les nouvelles formes d'organisation du travail*. São Paulo, 1992 [44ª Reunião da SBPC (mimeo.)].

FRIEDMAN, M. *Liberdade de escolher*. Rio de Janeiro: Record, 1980.

FRIGOTTO, G. *A produtividade da escola improdutiva*. São Paulo: Cortez, 1984.

FRIGOTTO, G. "A interdisciplinaridade como necessidade e como problema nas ciências sociais". *Revista Educação e Realidade*. 18(2): 63-72, jul.-dez. 1993, Porto Alegre.

_____. "Contexto sociopolítico brasileiro e a educação nas décadas de 1970/1990. *Contexto & Educação*, n. 24. 1991, Ijuí.

_____. Tecnologia, relações sociais e educação. *Tempo Brasileiro*, Rio de Janeiro, 105, p. 131-148, abr.-jun./1991.

_____. O enfoque da dialética materialista histórica na pesquisa educacional. In: FAZEBDA, I. *Metodologia de pesquisa educacional*. São Paulo: Cortez, 1989.

_____. *Trabalho e conhecimento, dilemas na educação do trabalhador*. São Paulo: Cortez, 1987.

FRIGOTTO, G. & CIAVATTA FRANCO. "*Sapiens*, sabedoria ou novas armadilhas para o acesso ao ensino superior?" *Revista de Tecnologia Educacional*. ABT, ano XXI, n. 108, set.-out. 1992, Rio de Janeiro.

_____. Análise da expansão e melhoria do ensino técnico industrial no Brasil (1984-1990). Rio de Janeiro: UFF/INEP, 1991.

FUKUYAMA, F. *El fin de la historia y el último hombre*. Barcelona: Planeta, 1992.

FURTADO, C. "É preciso crescer para dentro". *Jornal do Brasil*, 03/10/1993, p. 13, Rio de Janeiro.

_____. *Brasil*: a construção interrompida. São Paulo: Paz e Terra, 1992.

GALVÊAS, E. *Educação no Brasil* – A economia brasileira e suas perspectivas. In: Edições Anpec, Rio de Janeiro: 1993, ano XXXII.

GENTILI, P.A.A. Poder económico, ideología y educación – un estudio sobre los empresarios y la discriminación educativa en la Argentina de los años 90. Buenos Aires: Flacso, 1993 [Dissertação de mestrado].

GIROLETTI, D.A. *O homem tecido*: estudo da formação da disciplina fabril nas primeiras indústrias têxteis de Minas Gerais. Belo Horizonte: Fafich/DCP, 1987.

GOHN, M. da G. *Movimentos sociais e educação*. São Paulo: Cortez, 1992.

GRAMSCI, A. *Concepção dialética da história*. Rio de Janeiro: Civilização Brasileira, 1978.

_____. *Maquiavel, política e o Estado moderno*. Rio de Janeiro: Civilização Brasileira, 1978b.

HIRATA, H. *Tecnologia, organização do trabalho e condições de trabalho*: dos estudos de caso ao enfoque quantitativo. Caxambu, 1991 [XV Encontro Anual da Anpocs].

_____. "Formação na empresa, educação escolar e socialização familiar: uma comparação Brasil-França-Japão". *Educação e Sociedade* (31), ano X, dez./1988.

HOBSBAWM, E. Renascendo das cinzas. In: BLACBURN, R. *Depois da queda* – O fracasso do comunismo e o futuro do socialismo. Rio de Janeiro: Paz e Terra, 1992.

INSTITUTO HERBERT LEVY. *Ensino fundamental & competitividade empresarial* – Uma proposta para a ação do governo. São Paulo: 1992.

JACOBI, P. Movimentos sociais urbanos no Brasil: Reflexões sobre a literatura. BIB. Anpocs, 23 out 1987.

_____. Exclusão urbana e luta pelo direito à moradia. *Espaço & Debate*, ano 2, n. 7. Cortez, São Paulo: 1986.

KONDER, L. *O futuro da filosofia da práxis*. Petrópolis: Vozes, 1992.

KOSIK, K. *Dialética do concreto*. Rio de Janeiro: Paz e Terra, 1986.

KURZ, R. *O colapso da modernização* – Da derrocada do socialismo de caserna à crise da economia mundial. Rio de Janeiro: Paz e Terra, 1992.

LEROY, N.M.I.P. *O gatopardismo na educação*. Rio de Janeiro: Dois Pontos, 1987.

LOPES, A.R.C. *Livros didáticos*: Obstáculos ao aprendizado da ciência química. Rio de Janeiro: Iesae/FGV, 1990 [Dissertação].

MACHADO, L. Mudanças tecnológicas e a educação da classe trabalhadora. In: Vários. *Trabalho-Educação*. Campinas: Papirus, 1992, p. 9-24.

_____. *Politecnia, escola unitária e trabalho*. São Paulo: Cortez, 1989.

MANACORDA, M. Humanismo em Marx e industrialismo em Gramsci. In: SILVA, T.T. da. *Trabalho, educação e prática social*. Porto Alegre: Artes Médicas, 1991, p. 94-116.

_____. *Marx e a pedagogia moderna*. São Paulo: Cortez, 1991.

_____. O princípio educativo em Gramsci. Porto Alegre: Artes Médicas, 1990.

MARTINS, J. de Souza. A nova cultura dos pobres no campo. *Tempo e Presença*. Cedi, n. 220, jun./1987.

MARX, K. *O capital*. Rio de Janeiro: Civilização Brasileira, 1978.

MARX, K. & ENGELS, F. *Textos sobre educação e ensino*. São Paulo: Moraes, 1983.

NEVES, L.N.V. *A hora e a vez da escola pública? Um estudo sobre os determinantes da política educacional do Brasil de hoje*. Rio de Janeiro: UFRJ, 1991 [Tese de doutorado].

NEVES, M. *Mudanças tecnológicas e organizacionais e os impactos sobre o trabalho humano*. Belo Horizonte: Papirus, 1992.

NOSELLA, P. "A modernização da produção e da escola no Brasil. O estigma da relação escravocrata". Cadernos Anped, n. 5, set./1993, Porto Alegre.

_____. *A escola de Gramsci*. Porto Alegre: Artes Médicas, 1992.

NUNES, M. *A instituição escolar pública capitalista*: Campo de práticas sociais distintas e produções individuais diferentes. Porto Alegre, UFRGS: 1990 [Dissertação].

OFFE, C. "Trabalho: a categoria chave da sociologia?" *Revista Brasileira de Ciências Sociais*. Rio de Janeiro: Anpocs (10), p. 5-20, v. 4, jun./1989.

OLIVEIRA, F. de. "De novo o apocalipse ou a inutilidade de(o) ser humano". *Novos Estudos Cebrap*, n. 36, jul./1993, São Paulo.

_____. *Collor: a falsificação da ira*. Rio de Janeiro: 1992.

_____." A armadilha neoliberal e as perspectivas da Educação". *Boletin da Anped*, vol. 12, n. 12, 1990, Porto Alegre.

_____. O surgimento do antivalor. *Novos Estudos Cebrap*, 22, out. 1988, p. 8-28.

OLIVEIRA, Renato J. de. *Ensino: o elo mais fraco da cadeia científica*. Rio de Janeiro: Iesae/FGV, 1990 [Dissertação].

OREALC/UNESCO. *Satisfacción de las necessidades básicas de aprendizaje*: una visión para el decenio 90. Santiago: Unesco-Orealc, 1990.

PAIVA, V. *Educação e qualificação para o trabalho*: uma revisão da bibliografia internacional. Rio de Janeiro: IEI, 1989.

PASOLINI, P.P. *Os jovens infelizes*: antologia de ensaios corsários. São Paulo: Brasiliense, 1990.

PINTO, A.M.R. *Pessoas inteligentes trabalhando com máquinas ou máquinas inteligentes substituindo o trabalho humano*. Belo Horizonte: Fundação João Pinheiro, 1991 [mimeo.].

RODRIGUES, J.S. *A educação politécnica no Brasil*: Concepção em construção (1984-1992). Rio de Janeiro: UFF, 1993 [Dissertação de mestrado].

SALERNO, M.S. Reestruturação industrial e novos paradigmas de produção: tecnologia, organização e trabalho. São Paulo: USP/Dieese, 1992 [mimeo.].

_____. *Flexibilidade, organização e trabalho operatório – Elementos para uma análise da produção na indústria*. São Paulo: 1991, USP [Tese de doutorado].

SANTOS, H. *Le savoir en travail* – L'expérience de dévelopement technologique pour les travailleurs d'une industrie brésilienne. Paris: Univ. Paris VIII, 1992 [Tese de doutorado].

SAVIANI, D. *Contribuição à elaboração da nova Lei de Diretrizes e Bases da educação nacional*: um início de conversa. Porto Alegre: XI Reunião Anual da Anped, 1988 [mimeo.].

SCHAFF, A. *Sociedade informática*. São Paulo: Brasiliense, 1990.

SCHMITZ, H. & CARVALHO, K.Q. *Automação, competitividade e trabalho*: a experiência internacional. São Paulo: Hucitec, 1988.

SILVA, T.T. de (org.). *Trabalho, educação e prática social*: por uma teoria da formação humana. Porto Alegre: Artes Médicas, 1991.

SINGER, P. & BRANT (org.). *São Paulo*: o povo em movimento. Petrópolis: Vozes/Cebrap, 1980.

SPÓSITO, M. *A ilusão fecundada* – A luta por educação nos movimentos populares. São Paulo: Hucitec, 1993.

TOFLER, A. *A empresa flexível*. Rio de Janeiro: Record, 1985.

_____. A terceira onda. Rio de Janeiro: Record, 1980.

ZANETTI, L. O "novo" no sindicalismo brasileiro: características, impasses e desafios. Rio de Janeiro, Iesae/FGV, 1993 [Dissertação].

ZEMELAMEN, H. *Los horizontes de la razón – II* : Historia y necessidad de utopía. Barcelona: Anthropos, 1991.

CAPÍTULO 3

O discurso da qualidade
e a qualidade
do discurso

Mariano Fernández Enguita

Se existe hoje uma palavra em moda no mundo da educação, essa palavra é, sem dúvida, "qualidade". Desde as declarações dos organismos internacionais até as conversas de bar, passando pelas manifestações das autoridades educacionais, as organizações de professores, as centrais sindicais, as associações de pais, as organizações de alunos, os porta-vozes do empresariado e uma boa parte dos especialistas, todos coincidem em aceitar a qualidade da educação ou do ensino como o objetivo prioritário ou como um dos muito poucos que merecem consideração.

A qualidade se converte assim em uma meta compartilhada, no que todos dizem buscar. Inclusive aqueles que se sentem desconfortáveis com o termo não podem se livrar dele, vendo-se obrigados a empregá-lo para coroar suas propostas, sejam lá quais forem. Qualquer proposição relativa a conservar, melhorar ou mudar isto ou aquilo, não importa o que seja, deve explicar-se em termos de qualidade. Da mesma forma que, em campos mais amplos, as medidas políticas devem ser justificadas em virtude da democracia (ou do socialismo, conforme o país) e as econômicas em função do controle de preços ou do aumento do emprego, mesmo no caso em que conduzam, respectivamente, à restrição das liberdades ou da soberania popular ou ao aumento da inflação e do número de desempregados. De um simples termo ou expressão, transforma-se assim no eixo de um discurso fora do qual não é possível o diálogo, porque os interlocutores não se reconhecem como tais senão através de uma linguagem comum.

Converte-se, além disso, em uma palavra de ordem mobilizadora, em um grito de guerra em torno do qual se devem juntar todos os esforços. Por sua polissemia pode mobilizar em torno de si os professores que querem melhores salários e mais recursos e os contribuintes que desejam conseguir o mesmo resultado educacional a um menor custo; os empregadores que querem uma força de trabalho mais disciplinada e os estudantes que reclamam maior liberdade e mais conexão com seus interesses; os que desejam reduzir as diferenças escolares e os que querem aumentar suas vantagens relativas.

Entretanto, o predomínio de uma expressão nunca é ocioso ou neutro. A problemática da qualidade esteve sempre presente no mundo da educação e do ensino, mas nunca havia alcançado antes esse grau de centralidade. Ela vem substituir a problemática da igualdade e a da igualdade de oportunidades, que eram então os coringas desse jogo.

A qualidade como meta necessária

Uma vez que se vão expor e criticar aqui sobretudo os significados ocultos da demanda de qualidade em educação, parece necessário começar por dizer que não há nela nada de necessariamente demoníaco. O acesso a todo recurso escasso começa sempre por constituir um problema quantitativo para converter-se posteriormente, quando a escassez já não é tanta, em uma questão qualitativa.

A atitude diante da educação formal pode ser comparada à adotada diante de outras grandes necessidades que a humanidade, ou ao menos sua parte privilegiada (o Norte), foi progressivamente satisfazendo. No processo de urbanização, por exemplo, as necessidades de habitação e transporte individuais viram-se inicialmente "satisfeitas" através da oferta padronizada de pequenos apartamentos em grandes edifícios e automóveis que se pareciam entre si como um ovo a outro. Quando se lançou o *Ford T*, o primeiro carro produzido em massa e a um preço mais acessível que o de seus predecessores, a publicidade afirmava ironicamente que o comprador podia escolher qualquer cor desde que fosse preta. Na Espanha, por exemplo, os populares automóveis "seiscentos", os ternos de tergal e as camisas de náilon e de outras fibras sintéticas, entre outros produtos, marcaram com sua onipresença a aparição do consumo de massas. Hoje em dia, entretanto, os fabricantes de automóveis se veem forçados a renovar constantemente os modelos em oferta e ninguém está disposto a deixar que o náilon lhe irrite a pele ou a vestir a mesma roupa que o vizinho. Na primeira etapa buscava-se aceder a um novo tipo de consumo, na segunda trata-se de adquirir produtos mais ajustados à especificidade das próprias necessidades – não importa qual seja a origem dessas – e que distingam cada indivíduo dos demais.

O consumo de escolarização passou já pela primeira etapa e se encontra agora na segunda. A ampliação da escolarização universal e as reformas compreensivas de maior ou menor alcance asseguraram à totalidade da população o acesso a níveis do ensino até então reservados a uma minoria e abriram potencialmente as portas para o acesso a níveis superiores. Nessa etapa, o que a sociedade demandava e os poderes públicos se viam obrigados a satisfazer era o acesso ao existente, a igualdade em relação aos que já o possuíam, e não havia muito tempo para deter-se a pensar se o que se estava demandando ou oferecendo tinha a forma adequada ou devia ser submetido a revisão, e menos ainda se deveria ajustar-se à medida dos desejos de cada um.

O processo consistiu assim em colocar vinho novo em tonéis velhos, em incorporar todos a um ensino que não havia sido configurado pensando na sociedade em seu conjunto, mas em uma reduzida parte da mesma. Presumia-se que o que era ou parecia ser bom para os que até então vinham desfrutando-o com exclusividade também o seria para os demais. Entretanto, a única coisa que com segurança tinha de indiscutivelmente "bom" era sua exclusividade, e isto foi justamente a primeira coisa que foi perdida. Perdida essa característica, era apenas questão de tempo que os setores recém-incorporados a cada nível de ensino, e inclusive os mesmos que já o frequentavam antes, se perguntassem sobre se necessariamente tinha este que continuar sendo o que era ou se, pelo contrário, deveria adaptar-se melhor à diversidade de expectativas e interesses de seu público ampliado.

Para dizer de outra forma, desaparecido em boa parte seu valor extrínseco – baseado essencialmente em sua escassez –, havia de chegar o momento de perguntar-se pelo valor intrínseco dos ensinos convertidos em patrimônio de todos ou da maioria, isto é, os de acesso garantido e os de fácil acesso. O movimento em favor de um ensino mais ativo, mais participativo, mais centrado nos interesses dos alunos, etc., pode explicar-se, em parte, em virtude desse processo e deve entender-se, de qualquer forma, como um movimento centrado nos aspectos qualitativos do ensino ou, caso se prefira, a favor da melhoria da qualidade da educação. Nesse sentido, o lema da qualidade aparece como uma aspiração inteiramente legítima, necessária e encaminhada a abordar os problemas deixados de lado e, de certo modo, agravados durante a etapa anterior.

Entretanto, o lema da qualidade da educação tem, como a mãe e rival de lady Windermere, mais de um passado e, como Jano, duas faces. A partir de agora nos ocuparemos da outra.

Origem e difusão da palavra de ordem

Na linguagem dos especialistas, das administrações educacionais e dos organismos internacionais, o conceito de qualidade tem invocado sucessivas realidades distintas e cambiantes. Inicialmente foi identificado tão somente com a dotação em recursos humanos e materiais dos sistemas escolares ou suas partes componentes: proporção do produto interno bruto ou do gasto público dedicado à educação, custo por aluno, número de alunos por professor, duração da formação ou nível salarial dos professores, etc. Este enfoque correspondia à forma pela qual, ao menos na época florescente do Estado do Bem-Estar, se tendia a medir a qualidade dos serviços públicos, supondo que mais custo ou mais recursos, materiais ou humanos, por usuário era igual a maior qualidade. Mais tarde, o foco da atenção do conceito se deslocou dos recursos para a eficácia do processo: conseguir o máximo resultado com o mínimo custo. Esta já não é a lógica dos serviços públicos, mas da produção empresarial privada. Hoje em dia se identifica antes com os resultados obtidos pelos escolares, qualquer que seja a forma de medi-los: taxas de retenção, taxas de promoção, egressos dos cursos superiores, comparações internacionais do rendimento escolar, etc. Esta é a lógica da competição no mercado. Cada nova versão da qualidade não substitui inteiramente e de uma vez por todas as anteriores: a nova versão afasta as antigas para o lado, mas tem de conviver com elas. É isso precisamente que permite que setores e grupos com interesses distintos possam coincidir em torno de uma mesma palavra de ordem.

Mas não foi nenhuma dessas mudanças aquilo que, por si só, converteu a qualidade da educação ou do ensino em monotema da época, mas o fato de que sua progressiva centralidade e sua mudança de significado são duas faces do mesmo processo. Para que esse processo tivesse lugar eram necessários motivos que logo veremos e, ademais, agentes adequados. Comecemos por esses últimos.

O movimento começou nos Estados Unidos, onde, em 1981, a National Commission for Excellence in Education lançava o grito de socorro no título de seu relatório à administração Reagan, "Uma nação em perigo", e a palavra de ordem em seu próprio nome. Não era a primeira vez que os Estados Unidos se convertiam em cenário de uma cruzada desse tipo pela melhoria, ao menos suposta, da educação. Aquele país levou a cabo outras cruzadas desse tipo no segundo decênio deste século e no final dos anos 1950 e início dos anos 1960.

No início deste século teve lugar a tradução do taylorismo, então em processo de implantação progressiva no mundo do trabalho, à linguagem escolar. Reformadores como Bobbitt, Spaulding, Cubberley e outros sustentavam que a escola devia servir à comunidade, identificando esta com a empresa. Bobbitt afirmava que os alunos deviam ser modelados pela escola de acordo com os desejos das empresas, da mesma forma que as fábricas metalúrgicas produziam os lingotes seguindo as especificações fornecidas pelas companhias ferroviárias; e que o processo de trabalho dos professores podia ser organizado e normalizado da mesma forma que o havia sido o do infeliz Schultz por Francis W. Taylor. Spaulding introduziu a análise de custo-benefício e propôs avaliar os resultados das escolas de acordo com a proporção de jovens nelas matriculados, os dias de frequência no ano, a porcentagem de promoções, o tempo necessário por aluno para realizar um trabalho, etc., aventurando-se inclusive a estimar o custo em dólares de cada lição por matéria, para suprimir as menos rentáveis. Cubberley se esforçou por introduzir nas escolas a figura do especialista em educação, a réplica escolar do especialista em tempos e movimentos.

No final da década de 1950 foi James B. Conant o encarregado de fazer soar o alarme e propor soluções. Esta vez não se recorreu tão grosseiramente à linguagem e aos métodos da empresa – isso, em grande medida, já estava feito. Para dramatizar a necessidade de reforma das escolas invocou-se a defesa da democracia, mas assinalando, como sempre, que não se ensinava suficiente matemática, linguagem, etc., e que era necessário reforçar as matérias exigidas pelo mundo empresarial. A economia esteve presente, mas, diante do mal-estar social dos anos 1960, centrou-se preferentemente em motivos mais gerais e mais em sintonia com o mal-estar social da década: igualdade de oportunidades, a educação como investimento, sua relação com o desenvolvimento, etc.

Nos anos 1980, de novo, levantava-se o grito pelas altas taxas de evasão, os maus resultados em comparação com outros países, a suposta queda do nível – por outro lado nunca demonstrado, antes pelo contrário –, a crise de disciplina, a proliferação das matérias optativas em detrimento das tradicionais, etc. Desta vez, a palavra de ordem da qualidade não se veria obscurecida pela da igualdade. Especialistas e autoridades a levariam a seu grau máximo, a "excelência", tomando a busca dessa como o norte principal da política educacional.

O comum a todas essas situações tem sido a convicção estadunidense de que sua supremacia no mundo se sentia ameaçada por um competidor exterior. Nos anos da Primeira Guerra Mundial essa ameaça era, naturalmente, a Alemanha. Mas, no que concerne à escola e ao discurso em torno dela, não se tratava tanto da ameaça bélica quanto do forte desenvolvimento industrial desse país. A guerra não era mais que uma consequência de algo mais preocupante, a rápida ascensão alemã à liderança das grandes potências industriais. Ao final dos anos 1950 e início dos anos 1960 seria a ameaça da industrialização soviética, cujo símbolo paradigmático foi a colocação em órbita do Sputnik, isto é, a chegada ao espaço antes dos norte-americanos (mas também, embora se alardeasse menos, a capacidade mostrada pela

URSS para construir bombas de urânio e de hidrogênio em competição com seu adversário). Nos anos 1980, a ameaça está constituída pelo Japão e pelos novos países industrializados da zona do Pacífico, com sua crescente participação no mercado mundial.

Na segunda metade dos anos 1920, a ameaça era dupla: econômica por parte da Alemanha, representada por seu crescente poderio, e política por parte do movimento operário, representada pela Revolução de Outubro. Estabeleceu-se então uma espécie de divisão do trabalho: do problema político se ocuparam os liberais, empenhados na "americanização" dos imigrantes, em boa parte consistente na extirpação das ideias socialistas e na inculcação dos valores da democracia parlamentar e da economia de mercado; do problema econômico ficaram encarregados os eficientistas.

No final dos anos 1950 e durante os anos 1960, a dupla ameaça provinha de um mesmo ponto: a URSS, o socialismo. Por um lado, a aparente vitória tecnológica dos russos (artificialmente amplificada com fins propagandísticos mais pelos próprios norte-americanos que por eles mesmos); por outro, o mal-estar social que invadiu o Ocidente durante os anos 1960, capaz de ser capitalizado e veiculado pela esquerda. Talvez por isso os dois discursos em apoio da reforma educacional, o da eficiência e o da igualdade, puderam e tiveram de se fundir em um único (recordem-se a teoria funcionalista da estratificação social, a teoria do capital humano e a da modernização).

Nos anos 1980, quando o socialismo burocrático nos países do Leste mostra-se esgotado, ineficaz e escassamente atrativo, e quando os países do Oeste assistem a queda, o estancamento ou a reconversão da esquerda e o auge da nova direita, o discurso da reforma educacional limita-se ao campo da eficiência e deixa estacionada a questão da igualdade.

Deve-se observar, por outro lado, que, embora a extensão internacional da temática obsessiva da qualidade não fosse possível sem uma certa coincidência nas situações nacionais, nem por isso torna-se menos importante o papel dos organismos internacionais em sua difusão. Já nos anos 1970 foi possível observar-se o papel proeminente da OCDE, da Unesco e do Banco Mundial na extensão das políticas educacionais esboçadas principalmente nos Estados Unidos. Nos anos 1980, não por acaso, incorpora-se à lista o Fundo Monetário Internacional e quase perde a Unesco, pois cada política tem os porta-vozes que merece e vice-versa. A esses dever-se-ia acrescentar uma série de fundações, vinculadas a grandes grupos empresariais, muito ativas nacional e internacionalmente e sempre preocupadas com a educação, encabeçadas pelas fundações Carnegie, Ford e Rockefeller.

Uma vez mais a catarse

Quando os norte-americanos buscavam um culpado a quem responsabilizar por sua derrota espacial diante dos soviéticos, podiam perfeitamente ter escolhido algum outro que não o sistema escolar. Se nos anos 1980 se atribui de forma indiscutível a diferença de desenvolvimento entre o Leste e o Oeste industrializado à superioridade da economia de livre mercado sobre a da planificação central, então se poderia ter muito bem feito o contrário, mas se escolheu enviar a fatura ao sistema educacional sem que se parasse para pensar quem havia feito o gasto.

Nos anos 1980, a situação é bastante parecida. Há outras muitas explicações para a ascensão mais rápida do Japão, da zona do Pacífico e, secundariamente, da Alemanha Federal, mas, se não se quiser destacar o alto grau de exploração dos trabalhadores asiáticos, todas conduzem à política das empresas, a suas formas de organização interna, etc., isto é, ao campo do privado, às capacidades exclusivas do capital. A educação, em troca, situa-se no terreno do público – não importando se legalmente a escola é pública ou privada – e permite oferecer soluções sem incomodar os grandes poderes econômicos. Quando muito se poderá, talvez, ferir a sensibilidade dos professores; mas esses, já se sabe, são pessoas de pouca importância.

Na realidade, a educação carrega hoje um fardo muito pesado. Em uma época de escasso ou nenhum crescimento líquido e desemprego em massa, o discurso oficial responsabiliza a educação por ambas as coisas. Ao colocar ênfase na centralidade das reformas educacionais para continuar ou melhorar na competição internacional, está-se afirmando que se o país não vai melhor é por culpa de seu sistema educacional. Ao insistir permanentemente no desgastado problema do "ajuste" entre educação e emprego, entre o que o sistema escolar produz e o que o mundo empresarial requer, está-se lançando a mensagem de que o fenômeno do desemprego é culpa dos indivíduos, os quais não souberam adquirir a educação adequada ou dos poderes públicos que não souberam oferecê-la; mas nunca das empresas, embora sejam essas que tomam as decisões sobre investimentos e emprego e que organizam os processos de trabalho.

O sistema educacional desempenha, pois, o papel de vítima propiciatória que permite aos demais expurgar seus pecados; ou melhor, o de bode expiatório que lhes permite ignorá-los. Este *quid pro quo* não tem nada de novo: há décadas, quando reina o pessimismo, a escola carrega culpas que são por completo, essencialmente ou em parte culpa de outras instituições; quando, pelo contrário, reina o otimismo, as reformas educacionais convertem-se em sucedâneos das reformas sociais desejadas e prometidas.

Qualidade em lugar de igualdade

Nos anos 1960 e 1970, a escola viu-se convertida, com grande complacência própria, na instituição supostamente garantidora da igualdade de oportunidade de vida. A ideia meritocrática, em suas origens associada ao desenvolvimento do mercado como mecanismo de atribuição de recompensas não vinculado ao nascimento, deixou de encontrar base nesse, devido à enorme desigualdade na distribuição da propriedade e das oportunidades, e passou a buscá-la de imediato na escola. Já não se podia assegurar a ninguém o acesso à propriedade de seus meios de vida, mas isso não parecia muito importante em um período em que, supostamente, a propriedade dos meios de produção havia perdido importância em favor da gestão (os capitalistas em favor dos gerentes) e a economia privada em favor do setor público.

Nessas circunstâncias, afirmava-se, uma boa educação podia assegurar uma carreira exitosa no mercado de trabalho e nas burocracias públicas e privadas. Assim, através da educação, a sociedade podia prometer igualdade sem tocar nas instituições do mundo econômico. A ênfase na educação, por outro lado, coadunava-se bem com a política econômica de corte keynesiano, com o desenvolvimento do Estado do Bem-Estar e com a mudança na social-democracia europeia em direção a plataformas políticas centristas empenhadas em evitar o enfrentamento com qualquer setor da sociedade, principalmente com os mais poderosos. Além disso, um maior, melhor e mais igualitário acesso à educação formal havia sido uma reivindicação popular e da esquerda durante muito tempo, razão pela qual era previsível uma ampla aceitação das políticas escolares expansivas. O resultado foi um conjunto de reformas destinadas, país a país, a ampliar os períodos de escolaridade obrigatória, igualar as condições de escolarização e prolongar o tronco comum até fazê-lo coincidir, ou quase, com o período obrigatório: em breve, as reformas compreensivas e o que pomposa ou desdenhosamente se chamou de "democratização" ou de "massificação" do ensino superior.

Os anos 1980 mostraram-se ser diferentes. As ideias-força que imperam já não são o descrédito do mercado, a confiança no setor público como remédio para os desequilíbrios produzidos por aquele e a busca, ao menos nominal, da igualdade, mas a volta à ideologia do mercado, à rejeição da intervenção pública na economia ou o neodarwinismo social. Um neodarwinismo no qual as cartas estão antecipadamente marcadas, devido às profundas desigualdades sociais de origem, mas ao qual isso não impede justificar as desigualdades finais de riqueza, poder, prestígio, autonomia no trabalho, etc., em função de supostas diferenças individuais. No campo da educação, tudo isso se traduz em uma ofensiva contra as políticas igualitárias do passado, às quais se culpa da suposta "queda geral de nível", do nivelamento de todos por baixo, da crise de valores da juventude, etc.

É importante assinalar como as mudanças terminológicas ou, mais especificamente, nas palavras de ordem centrais, expressam precisamente por isso as mudanças de clima ideológico. O termo "qualidade" poderia abarcar não apenas as políticas educacionais que hoje ganham terreno, mas, igualmente, as dos anos 1960 e início dos anos 1970: ao fim e ao cabo, tratava-se de melhorar o sistema educacional, permitir que mais pessoas acedessem ao ensino geral não especializado, etc. A "igualdade de oportunidades" era, por assim dizer, a síntese da igualdade (no ponto de partida) e a busca da qualidade (em torno da seleção, no ponto de chegada). Mas enquanto a palavra de ordem da "igualdade de oportunidades" coloca ênfase no comum, a da "qualidade" enfatiza a diferença.

Outros termos também mudaram, correlativamente: se antes se vinculava insistentemente a educação ao objetivo do "desenvolvimento", agora se vincula ao da "competição" internacional. Este deslocamento tampouco é inocente, pois, enquanto o desenvolvimento é o objetivo dos países pobres, a competitividade o é dos países ricos.

A reação contra as reformas compreensivas

Como já se indicou, os anos 1960 e 1970 presenciaram reformas que levavam à unificação do tronco comum até cobrir o período do ensino obrigatório, geralmente até os dezesseis anos, as quais trouxeram consigo, além disso, em geral, uma elevação das expectativas e demandas educacionais da população e, em particular, uma explosão da matrícula nos níveis secundário superior e superior propriamente dito.

Essas reformas não deixaram de provocar reações defensivas por parte dos setores sociais privilegiados que consideravam o ensino (o acesso exclusivo a certos níveis ou tipos de ensino) como condição para a obtenção, a manutenção ou a melhoria de seus privilégios comparativos ou, quando menos, para sua legitimação diante deles próprios e diante do conjunto da sociedade. No primeiro caso estavam e estão diversos grupos das classes médias não patrimoniais; no segundo, todos os grupos das classes altas e médias patrimoniais.

Esses grupos contra-atacaram reintroduzindo por diferentes caminhos diferenciações de diversos tipos dentro e à margem da escola compreensiva ou ao término da mesma. Respostas internas ou à margem foram, e ainda são, a agrupação dos alunos por "níveis", os regimes de matérias optativas que permitem a configuração de currículos alternativos tendo em vista os estudos superiores ou o trabalho manual, o novo auge do ensino privado e a diferenciação das escolas de acordo com seu público e independentemente do fato de serem privadas ou públicas. Respostas ao término da escola compreensiva foram e são, em alguns casos, a subdivisão do ensino secundário superior em ramos e especialidades que levam a destinos escolares muito diferentes e, em todos, a diferenciação quantitativa (títulos de primeiro, segundo e terceiro ciclos) e qualitativa (carreiras de elite, profissionais e de massa) do ensino superior, o aumento dos obstáculos para o acesso ao mesmo (seletividade, *numerus clausus*, orientação escolar restritiva) e a ruptura das velhas equivalências entre títulos escolares e empregos (o "desemprego dos diplomados" que é, antes, seu subemprego, ou seja, seu emprego abaixo da qualificação exigida, e o reforçamento da atuação dos contatos e influências familiares na transição da escola à vida ativa).

Todas essas reações podem ser abarcadas sob a epígrafe da qualidade: secundária superior frente à secundária de primeiro ciclo, superior frente à secundária, escola privada frente à escola pública, ensino acadêmico frente ao ensino profissional ou geral, carreiras seletivas frente a carreiras de livre acesso, escolas de elite frente a escolas de massa. Desde o começo das reformas compreensivas, em qualquer momento e lugar, a reação da direita política foi de alarme diante da suposta ameaça de degradação do ensino geral e massificação dos ensinos seletivos, tudo isso sob a bandeira de se evitar prejuízos aos alunos mais dotados (seus filhos, naturalmente), isto é, sob a bandeira da "qualidade". Nada há de chocante, pois, no fato de que a palavra de ordem da qualidade presida o cenário quando a maioria dos países ocidentais (com a exceção parcial dos que chegaram tarde a ela) assistem uma forte ofensiva contra a reforma compreensiva e seus resultados.

A qualidade como distinção

Na linguagem do mercado, de que tanto se alimenta o discurso da educação, um produto de qualidade não o é por oposição aos de série, da mesma forma que os "círculos de qualidade" se contrapõem ao trabalho em linha de montagem ou o *cinéma qualité* às produções para o grande público. Não existe um critério absoluto que permita estabelecer a que atribuir ou não o termo "qualidade", exceto se considerarmos essa como uma característica compartilhada por todos os produtos e processos. O que a expressão "qualidade" conota é que algo distingue um bem ou serviço dos demais que o mercado oferece para satisfazer as mesmas ou análogas necessidades.

No mundo do ensino, quando se quer fazer ajustá-la à da igualdade, a busca da qualidade se refere à passagem das melhorias quantitativas às qualitativas. Não apenas mais, mas melhores professores, materiais e equipamentos escolares, ou horas de aula, por exemplo. Mas a palavra de ordem da qualidade encerra também um segundo significado: não o melhor (em vez do mesmo ou de menos) para todos, mas para uns poucos e igual ou pior para os demais.

A crítica já clássica às reformas educacionais dos anos 1960 e 1970 (os anos 1970 e 1980 na Espanha), de acordo com a qual se teria descuidado da qualidade em favor da quantidade, não é senão a expressão sublimada do mal-estar daqueles que consideram perdidos ou ameaçados seus privilégios escolares. Em princípio, nada permite afirmar que a qualidade tenha caído: nem o gasto por aluno, nem a quantidade unitária de recursos materiais e humanos, nem a formação do professorado, nem os resultados escolares. Quê, então, se perdeu? A distinção que era garantida por certos níveis e tipos de ensino, hoje abertos a todos ou, quando menos, a pessoas suficientes para poder continuar associados a privilégios materiais ou simbólicos.

Na luta individual e grupal pelos privilégios sociais, o que a educação oferece, mais que a oportunidade de adquirir uma formação em si melhor ou pior, é a ocasião de adquirir símbolos de *status* que logo se valorizarão nos mercados de trabalho e de bens materiais e simbólicos. Na competição entre escola pública e privada, por exemplo, a segunda acaba sempre ganhando, porque a simples opção por ela, entre outras razões, denota já por si própria a busca de um ensino de qualidade. A suposta qualidade de um ou outro ensino se associa, além disso, à suposta qualidade da pessoa, não tanto como resultado quanto como ponto de partida. Os alunos brilhantes "merecem" um ensino de qualidade, os da massa não, mas a sequência se inverte para pressupor o brilhantismo de todos que acodem às escolas de qualidade, independentemente do fato de que para isso basta possuir os recursos econômicos necessários.

Na Espanha, isso se manifestou durante decênios na expressão: "Ir para um colégio pago". A consciência de pertencimento a um grupo seleto reforça-se através da passagem por um tipo de ensino restritivo, sejam as Escolas Técnicas Superiores espanholas, as grandes *écoles* francesas, as *public schools* e os *colleges* de Oxbridge na Inglaterra ou as universidades da *IVY League* norte-americana.

A qualidade como retorno ao passado

A qualidade do ensino se identifica também, com frequência, como retorno ao passado. Nos países anglo-saxões, o final dos anos oitenta presenciaram uma intensa campanha sob o *slogan* "back to the basics", pela volta às coisas fundamentais, isto é, pelo retorno a um ensino baseado nas matérias tradicionais, fundamentalmente na língua e na matemática, na memorização, no "trabalho duro", etc. Na França foi um ministro da esquerda socialista, Jean Pierre Chévenement, quem surpreendeu com a mesma ideia. Na Espanha, a principal reação contra a reforma em curso (que unifica os ramos acadêmico e profissional, antes separados, em um tronco de dez anos durante todo o período obrigatório) foi encabeçada pelos professores de latim, que unificaram em torno de si a maior parte da direita política e uma certa esquerda "humanista" distraída.

Entretanto, acredito que as verdadeiras causas desse movimento não estão tanto na defesa dessa ou daquela parcela dos velhos conteúdos – que, ao menos até esse grau, só interessam muitas vezes ao setor do professorado que não teria um posto de trabalho sem eles – quanto na nostalgia dos métodos que os acompanhavam. Ano após ano, a disciplina é assinalada como o primeiro problema das escolas pelos cidadãos norte-americanos nas pesquisas Gallup. Os empregadores não se queixam tanto das qualificações dos egressos da escola quanto de seu individualismo, seu escasso respeito pela autoridade hierárquica, sua pouca disposição a assumir tarefas rotineiras ou sua ideia de que o trabalho deve ser uma atividade pessoalmente gratificante.

Embora a escola continue sendo essencialmente uma organização burocrática, normalizadora e disciplinadora, cuja principal função, que desempenha basicamente bem, é a socialização da força de trabalho, ela passou por profundas mudanças em direção a uma abertura, uma tolerância, uma liberalização e uma democratização crescentes, assim como uma maior atenção às necessidades, interesses e desejos dos alunos considerados individualmente ou em grupo. O trabalho, pelo contrário, não conheceu nenhuma evolução similar: é por isso que, desde o ponto de vista dos empregadores, a escola já não cumpre adequadamente sua função.

Todos esses são problemas que concernem às funções não cognitivas, de socialização, da escola, não à sua função cognitiva de transmissão de conhecimentos e informação, desenvolvimento de capacidades, aquisição de habilidades e destrezas, etc. Não obstante, diante da opinião pública apareceriam como pouco apresentáveis propostas como organizar um trabalho escolar mais enfadonho para que os alunos não alimentassem falsas expectativas com respeito ao trabalho em geral ou reforçar as sanções por aspectos não acadêmicos para que aprendessem a respeitar todas as autoridades.

Mas os métodos pedagógicos, a organização material da aprendizagem escolar, não são independentes dos conteúdos que fixam. Os métodos mais disciplinares e alienantes do passado (em boa medida ainda bastante vigentes) estavam vinculados a uma seleção curricular muito pouco preocupada com os interesses dos alunos, assim como os métodos mais liberais de hoje o estão com uma maior atenção a suas peculiaridades e com a abertura de um espaço mais amplo para o exercício de sua liberdade pessoal. O regresso aos velhos conteúdos significaria também, se fosse viável, a volta aos velhos métodos. De toda forma, a melhor maneira de conseguir o segundo, empresa pouco popular entre o público e entre o conjunto do professorado, é simplesmente reclamar do primeiro sob a bandeira, uma vez mais, da qualidade*.

---

* Este capítulo foi inicialmente publicado no livro de Mariano Fernández Enguita, *Juntos pero no revueltos* – Ensayos en torno de la reforma de la educación. Madri: Visor, 1990 [Publicado aqui com a autorização do autor].

CAPÍTULO 4

O dircuso da "qualidade" como
nova retórica conservadora
no campo educacional

Pablo A.A. Gentili

CAPÍTULO V

Duas questões preliminares

> [...] as pessoas e as comunidades favorecidas por sua posição econômica, social e política, atribuem virtudes sociais e permanência política àquilo de que desfrutam. Esta atribuição se reivindica inclusive ante a inquestionável evidência em sentido contrário. As crenças dos privilegiados se põem a serviço da causa da satisfação contínua e se acomodam de modo similar às ideias econômicas e políticas do momento. Existe um ávido mercado político para o que compraz e tranquiliza. Os que podem abastecer este mercado e receber a recompensa correspondente em dinheiro e aplausos estão facilmente disponíveis[1].

Trata-se de *A cultura da satisfação* que, provocativa e escancaradamente, nos relata John Kenneth Galbraith. E, ainda que o autor se refira basicamente à sociedade norte-americana contemporânea, a nenhum latino-americano pode parecer estranha esta implacável e selvagem lógica social que configura o conhecido cenário de minorias "ganhadoras" e maiorias "perdedoras" característico em nosso continente. Como sustenta Galbraith, os satisfeitos elaboram teorias e doutrinas que lhes permitam legitimar e naturalizar sua posição de privilégio. Possuem explicações políticas relativamente coerentes, teorias econômicas mais ou menos sofisticadas e também, como não podia deixar de ser, sua própria retórica acerca do campo educacional. A teoria educativa dos satisfeitos reconhece – do mesmo modo que sua

---

1. GALBRAITH, J.K. *La cultura de la satisfacción*. Buenos Aires: Emece, 1992, p. 13-14.

teoria econômica oficial – três exigências básicas. Primeiro, deve demonstrar que o Estado e a intervenção pública – diferentemente do que se costuma pensar – geram condições de ineficiência estrutural que se voltam contra os excluídos ou, como diz Galbraith, contra a "subclasse funcional". Segundo, deve demonstrar que o privilégio é não somente desejável, mas também necessário. Terceiro, "é preciso que possa considerar os que se situam em um nível de pobreza, os membros de uma subclasse funcional e socialmente imobilizada, artífices de seu próprio destino em algum sentido real"[2]. Pouco importa que semelhante explicação seja empiricamente indemonstrável. Importa somente sua disponibilidade para uso e abuso dos satisfeitos. Para estes, não se trata de resolver um problema de astúcia ou pertinência científica, trata-se de reproduzir e garantir a perpetuação de seu poder baseado na dualização e na miséria das maiorias.

Em um livro recente, *The rhetoric of reaction: perversity, futility, jeoparty*, Albert O. Hirschman apresenta um sugestivo argumento interpretativo[3]. Ali sustenta que as três dimensões do desenvolvimento da cidadania assinaladas por T.H. Marshall em seu célebre estudo de 1949 (*Ciudadania civil, política y social*) deviam ser compreendidas além do otimista esquema evolutivo e sem conflito traçado pelo sociólogo inglês. Diferentemente desta visão simplista, Hirschman enfatiza a necessidade de pensar a

---

2. GALBRAITH, J.K. op. cit., p. 106. Argumento que também é aplicado para a explicação autolegitimante que os "satisfeitos" elaboram quando se trata de definir seus privilégios: "a primeira característica, e a mais generalizada, da maioria satisfeita é sua afirmação de que os que a compõem estão recebendo o que merecem por direito. O que seus membros individuais aspiram a ter e desfrutar é o produto de seu esforço, sua inteligência e suas virtudes pessoais. A boa sorte se ganha ou é recompensa ao mérito e, em consequência, a equidade não justifica nenhuma ação que a menoscabe ou que reduza o que se desfruta ou se poderia desfrutar. A reação habitual a semelhante ação é a indignação ou, como foi indicado, a cólera contra o que usurpa aquilo que tão claramente se merece" (p. 29).

3. HIRSCHMAN, A. *A retórica da intransigência*: perversidade, futilidade, ameaça. São Paulo: Companhia das Letras, 1992.

existência de três tipos de ondas ou contrainvestidas reacionárias que – historicamente – vêm surgindo com a pretensão de frear os programas progressistas que foram dando conteúdo às mencionadas formas de cidadania. A partir deste esquema, Hirschman desenvolve três tipos formais de argumento ou retórica reacionária que atravessam longitudinal e transversalmente estas contrainvestidas. Ele as denomina: teses da perversidade, da futilidade e da ameaça. Deste modo, a idílica visão de Marshall deve ser interpretada também à luz das violentas reações conservadoras que têm tido por objetivo "derrubar as políticas e os movimentos de ideias 'progressistas'"[4] ao longo da história do capitalismo.

As contribuições de Galbraith e Hirschman constituem um sugestivo ponto de partida para a tarefa que nos propomos neste capítulo. Tanto um como outro serão o marco mais geral de referência a que – sem necessidade de fazer menção – nos estaremos remetendo implicitamente ao longo de nosso trabalho.

Vamos tentar mostrar aqui – basicamente – duas questões. Primeiro, que na América Latina[5] o discurso da qualidade referente ao campo educacional começou a desenvolver-se em fins da década de 1980 como contraface do discurso da democratização. Segundo, que esta operação foi possível – em parte – devido ao fato de os discursos hegemônicos sobre a qualidade terem assumido o conteúdo que este conceito possui no campo produtivo, imprimindo aos debates e às propostas políticas do setor um claro sentido mercantil de consequências dualizadoras e antidemocráticas. No campo educativo, o discurso da qualidade foi assumindo a fisionomia de uma nova retórica conservadora funcional e coerente com o feroz ataque que hoje sofrem os espaços públicos (democráticos ou potencialmente democráticos), entre eles, a escola das maiorias.

Independentemente de que ambas as questões estejam indissoluvelmente unidas, somente ao final expositivo vamos tratar

---

4. HIRSCHMAN, A. Op. cit., p. 15.

5. Trataremos de nos referir de modo geral ao conjunto dos países da região, ainda que façamos referência em especial aos casos da Argentina, Brasil e Chile.

de sequencializá-las. Com efeito, para ser possível a mercantilização do conceito de qualidade foi necessário – primeiro – eliminar da agenda política as demandas democratizadoras que em seguida aos períodos pós-ditatoriais começaram a generalizar-se na região. Não merece maiores comentários o fato de que não foi precisamente por uma satisfação plena dessas demandas que o discurso da democratização tendeu a desaparecer do cenário político latino-americano. A América Latina não somente continua com altos índices de miséria e marginalidade como – sobretudo – os referidos índices, longe de reduzir-se, têm tendido a ampliar-se e a aprofundar-se[6]. Uma vez "eliminado" o problema da democratização, pôde instalar-se o discurso hegemônico da qualidade. Este encontrou um cenário arrasado onde seu conteúdo antidemocrático, implícito em sua concepção mercantil, não sofreu maiores resistências. A retórica da qualidade se impôs rapidamente como senso comum nas burocracias, entre os intelectuais e – mais dramaticamente – em um número nada desprezível daqueles que sofreram e sofrem as consequências do êxito destas políticas conservadoras: os professores, os pais e os alunos.

Neste sentido, a retórica conservadora da qualidade no campo educativo presume uma dinâmica que chamaremos "duplo processo de transposição". A primeira dimensão deste processo remete ao mencionado deslocamento do problema da democratização ao da qualidade; a segunda, à transferência dos conteúdos que caracterizam a discussão sobre qualidade no campo produtivo-empresarial para o campo das políticas educativas e para a análise dos processos pedagógicos. No item seguinte trataremos brevemente de alguns fatores que definiram as condições favoráveis para garantir o primeiro aspecto deste duplo processo de transposição. Logo, vamos nos deter em alguns comentários relativos à segunda dimensão.

---

6. WEFFORT, F. "A América errada". *Qual democracia?* São Paulo: Companhia das Letras, 1992.

Por último, vale destacar aqui que, apesar de nos referirmos à dimensão discursiva, não nos manteremos em um simples plano de competências simbólicas (antagônicas ou não). De nossa perspectiva, os discursos constituem dimensões anunciativas de um tipo específico de ideologia somente compreensível no contexto da realidade material que a determina[7]. Por isso, o fato de nos referirmos ao discurso da qualidade nos remete diretamente ao plano das práticas materiais nas quais este discurso deve (e precisa) ser lido. Em outras palavras: a substituição, no campo educacional, do discurso da democratização pelo da qualidade é a expressão de certas opções políticas de cunho claramente conservador e de sentido reagente que hegemonizam o cenário latino-americano contemporâneo.

Uma transição do nada para o nada (ou como se "des-democratizou" a democratização)

Embora a democracia seja sempre uma conquista política das maiorias, as condições em que as democracias concretas tendem a se estabelecer podem refletir situações estruturais de profunda derrota social. É o caso das recentes transições vividas por boa parte das nações latino-americanas. Os governos civis pós-autoritários têm sido – quase sem exceção – a continuidade mais dramática dos regimes ditatoriais que os precederam. Argentina, Uruguai, Brasil e, mais recentemente, Chile são um claro exemplo disto. Na América Latina, afirma Perry Anderson, "a democracia capitalista estável é construída sobre a derrota – e

---

7. THERBORN, G. *La ideología del poder y el poder de la ideología*. Madri, Siglo XXI, 1987. Esta tem sido também uma de nossas premissas em GENTILI, P. *Poder económico, ideología y educación*. Série Flacso. Buenos Aires: Miño y Dávila, 1994.

não sobre a vitória – das classes populares"[8]. Nenhuma evidência empírica nos demonstra que as ditaduras latino-americanas não tenham alcançado suas metas básicas (ainda com os matizes próprios de cada caso). Vale perguntar, então, qual foi o significado destes processos de caráter ditatorial. Citemos novamente Anderson:

> Todas elas foram contrarrevoluções preventivas cuja missão primordial foi a de decapitar e eliminar uma esquerda que não se resignava ao modo de produção capitalista, mas sim que apontava diretamente para um socialismo que o transcendia.
>
> Sua função essencial, primordial foi, pois, a de traumatizar a sociedade civil em seu conjunto com uma dose de terror suficiente para assegurar-se de que não haveria nenhuma tentação ulterior de reincidir em desafios revolucionários contra a ordem social vigente; para romper qualquer aspiração ou ideia de uma mudança social qualitativa desde a base; para eliminar permanentemente, em suma, o socialismo da agenda política nacional.
>
> Ao mesmo tempo, sua vocação secundária foi a de restaurar as condições de uma acumulação viável, disciplinando a mão de obra com repressão, baixos salários e deflação, promovendo ao mesmo tempo a capacidade exportadora e assegurando novos níveis de investimento externo, para que se pudesse estender o crescimento sem interrupções redistributivas ou escassez de capital: essa foi a ideia[9].

Criaram-se assim as condições para o retorno a uma institucionalidade democrática controlada, uma democracia da derrota ou, mais paradoxalmente, uma democracia "não democrática", cuja base material se imbricava em duas das mais claras conquis-

---

8. ANDERSON, P. "Dictadura y Democracia en América Latina". *Democracia y socialismo* – La lucha democrática desde una perspectiva socialista. Buenos Aires: Tierra del Fuego, 1988, p. 65.

9. ANDERSON, P. Op. cit., p. 59-60.

tas pós-ditatoriais: a traumatização subjetiva e a transformação objetiva da sociedade[10].

Neste contexto, as já quase esquecidas demandas democratizadoras no campo das políticas públicas (entre elas a educação) não correspondiam à natureza mesma da democracia capitalista controlada e à base material em que esta se inseria adquirindo sentido. Exigia-se de um Estado democrático que havia sido produto da necessidade dominante de reproduzir um modelo de exclusão e dualização social que definisse estratégias políticas tendentes a superar progressivamente a miséria e a marginalidade. Ainda quando – graças às lutas populares – algumas conquistas democráticas foram arrancadas destes Estados da transição, o fracasso de uma política tendente à democratização dos direitos da cidadania e a uma ampliação dos espaços públicos não tardou a evidenciar-se.

Uma transição do nada para o nada. Essa foi a brutal e vertiginosa experiência latino-americana recente.

> A simples eleição de governos pós-autoritários e a experiência, às vezes longa, de regimes autoritários duros, imunizam estes países contra sua tradição de autoritarismo político e social e, especialmente na América Latina, contra uma situação de desigualdade extrema [...]. Em termos econômicos, *a América Latina viveu uma transição do nada para o nada*: dificilmente algum latino-americano poderá sentir orgulho ou apreço por mais uma década de estagnação econômica que reforçou um padrão particularmente retrógrado de distribuição da renda e de outros recursos – um desempenho desolador, agravado pela falta de soluções previsíveis, ao menos para o horizonte temporal da população adulta[11].

---

10. ANDERSON, P. Op. cit., p. 62.

11. O'DONNELL, G. "Democracia Delegativa?". *Novos estudos*. Cebrap n. 34, p. 76 [O trecho destacado é nosso] São Paulo.

A citação de Guillermo O'Donnell não deixa lugar para dúvidas. Daí, as demandas de democratização se imprimiram em um marco caracterizado pela negação mesma de uma institucionalidade democrática ou, mais corretamente, pela imposição autoritária de um novo tipo de democracia: a democracia delegativa. Que este contexto era um cenário bastante mais propício para as políticas de ajuste neoconservador que para o desenvolvimento das vocações democratizantes de caráter social-democrata é uma questão que demorou somente alguns meses para evidenciar-se. Começava a tornar-se cada vez mais claro que, em um contexto de profunda desigualdade social, a democracia era possível somente se ela era de "novo tipo" (delegativa, controlada, tutelada[12], etc.), elemento este último que não oferecia menos evidências ao fato de que a democracia, no contexto de um profundo e crescente *apartheid* social, nunca tende a consolidar-se, nem suas instituições públicas a ampliar-se ou estender-se[13].

Em matéria política, as transições latino-americanas significaram, nos aspectos mencionados, um avanço substancial em certas questões de método (relação Estado-sociedade ou governo-sociedade). Entretanto, pouco avançaram em dois problemas centrais para a consolidação de uma democracia de caráter radical: o desenvolvimento de suas dimensões de *forma e conteúdo*[14]. Ou seja, sem a construção e consolidação de espaços públicos – como questão central que remete à *forma* democrática[15] – e sem um *conteúdo* radicalmente democrático que "preenche" e dá sentido ao caráter mesmo da democracia, esta se reduz a um jogo cada vez mais debilitado de natureza puramente formal.

---

12. SADER, E. *A transição no Brasil* – Da ditadura à democracia? São Paulo: Atual, 1991.

13. WEFFORT, F. "Novas democracias. Quais democracias? Op. cit.

14. OLIVEIRA, F. de. "Uma alternativa democrática ao liberalismo". In: WEFFORT, F., WOLF, A. et al. *A democracia como proposta*. Rio de Janeiro: Ibase, 1991.

15. Quando fazemos referência à "questão de forma", não nos referimos a uma concepção frequente na esquerda populista de que o "público" é idêntico ao "estatal". Cf. GENRO, T. *Na contramão da pré-História*. Porto Alegre: Artes e Ofícios, 1992. • GENRO, T. "Participação e cidadania". In: *Jornal do Brasil*. Rio de Janeiro, 26 nov. 93.

Jogo que alcança sua expressão mais grotesca nas múltiplas modalidades de "fugimorização" que vive a América Latina. Claro que semelhante processo não se dá isolado de um contexto mundial caracterizado por um movimento de caráter reagente e orientado para a "despolitização" do capitalismo"[16]. É neste quadro que a racionalidade neoconservadora desenvolve todo seu fervor religioso que a "impulsiona a destruir o Estado precisamente quando se está avançando pelo caminho da democracia, e a exaltar simultaneamente o mercado como a última garantia da liberdade e do progresso de nossas sociedades"[17].

Foi neste contexto que começaram a expandir-se – no começo dos anos 1980 – as demandas democratizadoras no campo educacional. E, na verdade, elas tiveram vida curta. Foi como se, ao dissipar-se a euforia democratizadora do primeiro período pós-ditatorial, houvessem sido anuladas todas aquelas referências à necessária democratização de nossos sistemas de ensino. Em questão de uma década, "democratizar a educação" deixou de ser o eixo que devia nortear as políticas públicas do setor para constituir um tema ausente, esquecido ou – se pretendemos ser mais precisos – silenciado, no cenário político latino-americano. As razões que explicam este processo são complexas e não podem ser esgotadas aqui. Existiu, claro, por parte das elites políticas, a utilização deste termo como mero recurso discursivo e como falsa e não cumprida promessa de caráter eleitoreiro. Todavia não se tratou apenas disto. Não menos certo é que, em um cenário de profunda derrota, a sociedade civil foi abandonando cada vez mais estas demandas. Neste mesmo sentido, não menos certo também é o fato de que mesmo grande parte dos intelectuais críticos renunciaram prontamente a toda luta pela democratização da educação pública, dissipando esta demanda em um

---

16. BARROS DE CASTRO, A. "Política *versus* Economia: ontem e hoje". In: WEFFORT, F.; WOLFE, A. et al. Op. cit., 1991. Veja-se também o excelente artigo de CHOMSKY, Noam. "Novos senhores da humanidade". In: *Folha de S. Paulo*. São Paulo, 25 abr. 1993.

17. BORON, A. "La razón extraviada: la crítica neoliberal y el Estado en los capitalismos contemporáneos". *Estado, capitalismo e democracia na América Latina*. Buenos Aires: Imago Mundi, 1991, p. 206.

conjunto cada vez mais superficial de produções acadêmicas de escasso valor transformador. Devemos ser claros neste ponto: não é que tenha desaparecido do campo intelectual a intencionalidade política; é que tal intencionalidade foi se assemelhando cada vez mais à dos setores dominantes, foi assumindo vertiginosamente o conteúdo e a fisionomia dos discursos neoconservadores e neoliberais que se expandiram no continente. Por convicção ou por necessidade – pouco importa –, o certo é que o antes crítico mundo acadêmico dos pedagogos democráticos foi se transformando em um palco de personagens anônimos e submersos em um discurso tão medíocre quanto vazio de conteúdo progressista. O tema merece uma pesquisa à parte. Entretanto, e somente para tornar mais clara nossa argumentação, vale a pena nos determos em uma rápida exposição da sequência cronológica de preocupações que – *grosso modo* – orientaram as discussões político-acadêmicas no campo educacional latino-americano durante os últimos quinze anos. Isto nos permitirá avançar em uma caracterização mais precisa da primeira dimensão do duplo processo de transposição referido neste item.

1ª preocupação: a análise dos modelos teóricos. Tratava-se de discutir em uma dupla dimensão crítico-teórica, por um lado, orientada para a análise e discussão do paradigma funcionalista, sobretudo em uma crítica aos enfoques políticos de raiz desenvolvimentista, por outro, para o que se passou a chamar (ao nosso modo de ver, incorretamente) o "enfoque crítico-reprodutivista". A pretensão era, segundo a expressão de Juan Carlos Tedesco, avançar na construção de um "novo modo de produção de conhecimento", graças à "paulatina emergência de concepções teóricas que se afastam das simplificações otimistas do paradigma desenvolvimentista ou pessimista, do paradigma reprodutivista"[18].

---

18. BRASLAVSKY, C. & FILMUS, D. (org.). *Respuestas a la crisis educativa.* Buenos Aires: Cántaro/Flacso-Clacso, 1988, p. 11.

2ª preocupação: a democratização da educação e do conhecimento. Uma vez superado aquilo que era interpretado como as limitações e a incompetência de tais paradigmas para a análise da realidade latino-americana, começaram a se desenvolver toda uma linha de estudos orientados para a ênfase dos processos de democratização, embrionários ainda na região. O caráter de tais investigações estava orientado para a formulação de contribuições e sugestões destinadas a evitar os ressábios de autoritarismo ainda existentes, assim como para a determinação daqueles aspectos das novas políticas públicas que, no campo educativo, tendiam a constituir – para além das aparências – simples mecanismos simbólicos ou ritualistas de escasso valor democratizador. Estes trabalhos baseavam-se em um esquema analítico relativamente simples: a democracia nascente constituía uma ruptura profunda com relação ao "período ou projeto autoritarismo", de forma tal que as políticas educativas deviam refletir este novo caráter político que se difundia na região. Grande parte das produções intelectuais correspondentes ao triênio 1983-1985 refletem estas preocupações.

3ª preocupação: democratização com qualidade. Esta foi, sem dúvida, a questão menos abordada e a mais rapidamente abandonada. Começou a ser traçada enfaticamente por alguns investigadores como um dos aspectos centrais que deveriam primar no quadro das novas políticas do setor. Apesar de seu caráter isolado e vida curta, foi – evidentemente – a preocupação mais sofisticada e rigorosa que pretendeu abordar o campo acadêmico neste período.

4ª preocupação: qualidade com eficiência e produtividade. Enquanto a preocupação anterior carecia de resposta nos quadros do ajuste que começava a evidenciar-se, o já instalado debate sobre a qualidade foi desviado para o campo das discussões sobre eficiência e produtividade. Como deve ficar claro, o abandono de todo princípio democratizante e a substituição dos conteúdos anteriores pelos elementos mercantis que definem estas discussões no campo empresarial não demorou muito para instalar-se como novo senso comum. Mesmo assim, ao abandonarem-se as perspectivas relativas à necessidade de democratizar e instalar-se – sem este componente – o debate sobre eficiência e produtividade, a racionalidade empresarial veio a ser a matriz ideológica mais explicativa, sendo desconsideradas as consequências claramente dualizantes que tal discurso possui no campo educacional.

5ª preocupação: eficiência e produtividade em um quadro de "concertación". Tal é a questão que tem começado a reger os atuais debates. Dado seu caráter embrionário, pouco podemos dizer sobre ela, além do reconhecimento subjacente de que a política educacional deve fundar-se em um "novo" acordo ou pacto intercorporativo (Estado – Igreja – sindicatos – elites políticas – empresários – militares). A presunção é que, somente do "acordo" estabelecido entre estes "atores", poderá derivar-se uma política educacional eficiente e produtiva que ofereça coerência às demandas que exigem os novos padrões de competitividade no mercado mundial.

Em nosso modo de ver, algumas razões de caráter político explicam esta cronologia de preocupações assinadas pelo progressivo abandono das questões relativas aos processos de democratização e pela euforia conservadora com respeito à qualidade. Sem pretender esgotar as possíveis razões que explicam a adesão de grande parte dos intelectuais latino-americanos a esta nova retórica conservadora, mencionaremos pelo menos três argumentos não excludentes:

1. A crise (quando não o rotundo fracasso) das propostas que, a partir do poder político, mais esperançosamente confiavam vir a delinear estratégias democratizadoras tendentes a compensar as terríveis condições herdadas das ditaduras na região. Trata-se da não cumprida reconstituição social-democrata a que aderiram alguns governos pós-ditatoriais (sobretudo em seu primeiro período de mandato) e não poucos intelectuais críticos na América Latina. A ilusão era democratizar a sociedade civil a partir do Estado, sendo este "o que se ocuparia de promover as oportunas mudanças na estrutura daquela"[19]. Em suma, pretendia-se democratizar a educação "de cima para baixo". Se é certo que a década

---

19. DALE, R. "La política educativa en Inglaterra 1970 y 1983: Estado, Capital y Sociedad Civil". In: FERNÁNDEZ ENGUITA, M. (org.). *Marxismo y sociología de la educación.* Madri: Akal, 1986, p. 45.

de 1980 foi a "década perdida"[20], não menos certo é que, com ela, perderam-se em grande parte as esperanças social-democratas que alimentavam políticos e intelectuais. Que o discurso da democratização – em semelhante contexto – não podia senão cair no mais obscuro silêncio é um dado quase evidente que não precisa de maiores comentários.

2. No fim dos anos 1980 e, muito mais especialmente, no início dos 1990, começa a evidenciar-se um processo de cooptação intelectual sem precedentes na América Latina. As agências de financiamento internacional e os novos governos (estes sim já de perfil claramente neoliberal e neoconservador) começam a projetar uma política de sujeição cooptativa (mais ou menos explícita, segundo o caso) dos intelectuais que, ou ainda se reivindicavam dentro do paradigma crítico, ou haviam aderido honestamente às opções políticas social-democratas assinaladas no item anterior. Fica evidente que este mecanismo de cooptação (através do rápido acesso a elevadas remunerações, "contratos internacionais" e/ou graças à proximidade com o novo poder ineditamente adquirida) conduziu a um esmorecimento das pretensões e das demandas democratizadoras antes defendidas. Sabe-se que todo processo de cooptação "permite debilitar os eventuais grupos de oposição e impedir sua formação, como também incorporar ao próprio programa (dominante) orientações e iniciativas apresentadas pela oposição emergente, tirando-lhe assim os pontos de apoio e seus motivos de propaganda junto à base"[21].

3. Por último, e à exceção aqui do caso brasileiro, a ausência de alternativas antissistêmicas de orientação progressista e popular conduziu grande parte dos setores intelectuais a um certo clima de desencanto com relação à ação política e à instalação de um pragmatismo possibilista de consequências evidentemente conservadoras. Visto que estamos fazendo referência ao campo intelectual, é importante destacar que, com este elemento, tam-

---

20. Expressão não muito feliz adotada pela Cepal.

21. SANI, G. "Cooptação". In: BOBBIO, N.; MATEUCCI, N. & PASQUINO, G. *Dicionário de política*. Brasília: Udunb, 1991 [Tomo I, p. 287].

bém contribuiu a profunda crise que atravessam as universidades públicas na América Latina. A progressiva e debilitante falta de recursos financeiros e a consequente deterioração da universidade como espaço de produção científica de caráter crítico foi gerando um afastamento cada vez maior dos intelectuais da vida universitária. Os casos da Argentina e do Chile são paradigmáticos neste aspecto.

Torna-se óbvia a articulação destes três fatores, sendo difícil estabelecer-se uma sequência de causalidade linear entre eles. É no contexto da hegemonia conservadora dos anos 1990 que estes fatores adquirem relevância, permitindo compreender – articuladamente – o abrupto abandono dos ideais democratizadores que, pensava-se – ingenuamente ou não –, deveriam guiar as políticas educacionais e os processos pedagógicos durante a década de 1980.

A qualidade como critério mercantil (ou como os empresários triunfaram – também – no campo educativo)

No item anterior, formulamos algumas breves considerações sobre a dinâmica política que contribuiu para criar as condições favoráveis a um progressivo abandono dos discursos democratizadores no campo educativo. Pretendemos mostrar como este processo, longe de expressar a satisfação das demandas populares por educação, tem sido a expressão de um progressivo abandono das expectativas de ação democratizante nas políticas do setor. De acordo com a terminologia utilizada, tentamos avançar na caracterização da primeira dimensão de um duplo processo de transposição cujo segundo aspecto será abordado nas linhas a seguir. Referimo-nos à dinâmica segundo a qual os debates acerca da qualidade da educação foram assumindo a fisionomia que esta discussão possui no âmbito empresarial, não se diferenciando assim da lógica produtivista e mercantil que caracteriza os critérios segundo os quais é medida e avaliada a qualidade no mundo dos negócios.

Para compreender este processo, o mais conveniente é começar apresentando algumas observações a respeito de certos elementos que caracterizam o discurso da qualidade no campo produtivo-empresarial. Logo veremos como esse foi o conteúdo que – com alguns matizes – foi transposto ao campo das políticas educacionais e das relações pedagógicas. Como exemplo mencionaremos a seguir cinco aspectos fundamentais.

Cinco aspectos centrais quando se discute "qualidade" no mundo dos negócios.

1. Qualidade: um problema não tão novo para os empresários. Diferentemente do que em geral se supõe, os empresários sempre estiveram preocupados com a questão da qualidade no processo produtivo. O que não quer dizer que sempre consideraram este assunto da mesma forma nem que sempre se interessaram pelas mesmas razões ao longo do tempo. "Qualidade" é um conceito que, no universo empresarial, tem variado tanto como o têm feito, historicamente, as formas de organização da produção e do trabalho. Vejamos um exemplo.

Em um dos trechos mais brilhantes de seus *Princípios de administração científica*, Frederick W. Taylor[22] enfatizou a importância que, em alguns casos, possui o que denominou "seleção científica do operário". Trata-se do item "Verificação de peças de bicicletas", onde o autor destacava as observações de Stanford E. Thompson para o estudo dos tempos e dos movimentos na indústria moderna. Taylor pretendia avançar em algumas considerações vinculadas aos processos de "seleção científica", utilizando como exemplo um caso específico: o processo de inspeção e controle nas tarefas de polimento final daquelas pequenas peças de aço utilizadas, antigamente, nos selins das bici-

---

22. Consideraremos aqui a edição da *Editorial Argentina de Finanzas y Administración*. Buenos Aires, 1944. Entre colchetes destacam-se as páginas do texto a que correspondem as citações.

cletas. Ao pai da administração científica havia sido solicitado estudar a "melhor maneira" de sistematizar o trabalho naquela que, na época, era a maior fábrica norte-americana destas peças. Nesta empresa, tais tarefas eram realizadas por mais de cento e vinte moças com uma média de dez anos de experiência na atividade e que trabalhavam 10 horas e meia por dia. Segundo a descrição de Taylor "[o trabalho] requeria a mais estreita atenção e concentração, de maneira tal que a tensão nervosa das verificadoras era considerável" [90]. A convicção de que nem todas as operárias trabalhavam intensamente durante a jornada e a evidência de que parte do tempo transcorria ociosamente levaram Taylor a sugerir a necessidade de reduzir o tempo de trabalho diário, mantendo-se o mesmo nível de produtividade. Tratou-se primeiro – e sem êxito – de convencer as operárias das vantagens de tal redução. A negativa das trabalhadoras expressou – de acordo com Taylor – o fracasso de uma "não muito feliz questão de tato" [91] ou, diríamos agora, o fracasso de uma gentileza desnecessária. Ante a impossibilidade de superar a negativa das operárias por via consensual, Taylor reconhece: "vários meses depois a questão do tato foi deixada de lado e as horas de trabalho foram arbitrariamente cortadas, em etapas sucessivas, para 10 horas, 9 horas e meia, 9 e 8 horas e meia, permanecendo constantes os salários" [91]. A surpresa não foi pouca quando se confirmou que, "com cada redução de horário de trabalho, a produção aumentou em lugar de diminuir" [91]. A solução foi brindada pelo já mencionado Thompson que, após um estudo pormenorizado acerca do *"coeficiente pessoal"* (unidade de medida que permite estabelecer a relação existente entre percepção e ação reflexa), reconheceu aquelas verificadoras com idoneidade suficiente para garantir este padrão de produção em períodos cada vez mais reduzidos de tempo. A investigação de Thompson permitiu revelar que, dada a especificidade das tarefas desenvolvidas no processo de verificação, precisava-se de trabalhadoras de "coeficiente pessoal baixo", isto é, operárias com uma faculdade de percepção que lhes permitisse "uma ação reflexa extraordinariamente rápida" [92], de forma que toda mensagem fosse "quase imediatamente transmitida do olho ao cérebro", e o cérebro respondesse "com igual rapidez enviando a devida mensagem à mão" [92]. O estudo citado levou Taylor a reconhecer que

> [...] para o interesse tanto das operárias quanto da Companhia, fez-se necessário excluir todas as moças que não possuíssem coeficiente pessoal baixo. [O que], desgraçadamente, implicou a saída de muitas das operárias mais inteligentes, mais assíduas e mais dignas de confiança, simplesmente porque não possuíam faculdades de percepção rápida seguidas de ação rápida [92-93].

De qualquer forma, o problema não acabava aqui. Com efeito, uma das questões centrais era que *"o esforço para aumentar a quantidade não [devia] prejudicar a qualidade"* [93]. O próprio Taylor descreve este processo com habilidade assombrosa: *"é necessário em quase todos os casos tomar medidas estritas para resguardar-se contra a queda da qualidade antes de efetuar qualquer movimento para obter aumento na quantidade"* [95]. Como conseguir isto no caso mencionado das operárias verificadoras? Citemos novamente Taylor:

> [...] no trabalho das operárias, a qualidade era a mesmíssima essência, pois se ocupavam em extrair todas as peças defeituosas. Para tanto, o primeiro passo foi tornar impossível toda diminuição de qualidade, *sem que as operárias se apercebessem disto de imediato.* Isto resultou no que se conhece como 'contraverificações'. Uma de cada quatro das moças mais dignas de confiança era designada para inspecionar um lote de peças que havia sido examinado no dia anterior por uma das verificadoras regulares; o capataz havia trocado o número que identificava o lote, de tal maneira que nenhuma das contraverificadoras soubesse de quem era o trabalho que estava examinando. Além disso, um dos lotes inspecionados pelas quatro contraverificadoras era examinado no dia seguinte pela inspetora-chefe, nomeada devido a sua integridade moral e exatidão especial. Adotou-se um recurso efetivo para verificar a honestidade e exatidão da contraverificação. A cada dois ou três dias o capataz preparava um lote especial de peças perfeitas e um número conhecido de peças defeituosas. Nem as verificadoras nem as contraverificadoras tinham meio de distinguir este lote especial dos

lotes comerciais regulares. E deste modo evitou-se toda tentação de descuidar do trabalho ou efetuar devoluções falsas. Depois de garantir-se desta maneira contra o declínio da qualidade, foram tomadas imediatamente medidas para aumentar a produção [93-94].

Desta forma – e depois de enfatizar que a implementação das tarifas diferenciais (isto é, de acordo com a quantidade e qualidade de trabalho realizado) era acompanhada de um incremento na produtividade – Taylor reconhece com surpreendente honestidade a razão de ser destes sistemas de controle: "[assegurar] aos patrões o *máximo* de produção e qualidade, o que significa *um baixo custo da força de trabalho*" [99]. Nas palavras do autor, a Companhia beneficiou-se com

> [...] primeiro: uma melhora substancial na qualidade do produto fabricado; segundo: uma redução material do custo de inspeção, apesar dos gastos extras ocasionados pelo trabalho de escritório, instrutores, estudo do tempo, contraverificadoras e salários mais elevados; terceiro: relações mais amistosas entre a administração e as operárias, o que fez as dificuldades de qualquer natureza ou as greves tornarem-se impossíveis [98-99].

Nada mal, sobretudo se se revela que "trinta e cinco moças puderam fazer – depois da intervenção de Taylor – o trabalho que antes era realizado por cento e vinte, ao mesmo tempo que a exatidão das operações a esta velocidade foi dois terços superior ao que era antes" [98].

Este extenso exemplo, além de nos permitir apreciar a extraordinária riqueza da obra de Taylor, ilustra claramente como a qualidade é tudo menos um novo problema no mundo empresarial. A experiência precedente data da primeira década deste século, tendo sido publicada em um livro cuja primeira edição é de 1912. Logo veremos como grande parte das observações de Taylor continuam plenamente vigentes no campo produtivo-empresarial, e como algumas delas estão hoje presentes nos debates sobre a qualidade da educação. A noção tayloriana de "inspeção" prenuncia o conteúdo do que depois seria denominado – em uma terminologia mais moderna – "controle de qualidade"; sendo que, neste texto (do princípio do século!), já se enfatiza que a boa relação entre operários e empregadores ("as relações amistosas") constituem um fator que coopera no incremento da produtividade e na elevação dos padrões de qualidade dos produtos. Algo que os japoneses vieram a "descobrir" várias décadas mais tarde, e que já havia sido implantado por quem vociferava aos operários da Midvale Steel Company: *"não estamos pedindo para que pensem, há outros a quem pagamos para isto"*[23].

2. A qualidade como nova estratégia competitiva. Uma vez assinalado o caráter histórico das preocupações empresariais sobre a qualidade, poderíamos nos perguntar o que há de novo na atual euforia que hoje invade o mundo dos negócios com relação a este assunto. A questão é tão simples como evidente: a qualidade transformou-se – sobretudo a partir da crise do regime de acumulação fordista – em uma nova estratégia competitiva de acordo com um mercado cada vez mais diversificado e diferenciado. A retórica empresarial nem sempre enfatiza esta razão, pretendendo explicar sua euforia com outros motivos – quem sabe – de caráter mais filantrópico: reconhecimento do valor humano implícito nos produtos de qualidade; aceitação da importância da qualidade de vida do consumidor; revalorização do meio ambiente e do contexto ecológico, etc.

Entretanto, uma das principais motivações que explica a ênfase empresarial nesta questão advém da necessidade de traçar estratégias de maior e melhor adaptabilidade ao mercado, reconhecendo as mudanças profundas em que este tem operado ultimamente. Diga-se de passagem que, se a qualidade na produção favorece ou não o desenvolvimento de melhores padrões de "qualidade de vida", é uma questão que não abordaremos aqui, e cuja resposta merece uma análise minuciosa isenta das paixões apologéticas ou apocalípticas. De qualquer modo, uma evidência não se pode deixar de lado: a euforia pela qualidade (expressa

---

23. Apud FRIEDMANN, G. *La crisis del progreso.* Barcelona: Laia, 1977. As preocupações de Taylor em relação aos problemas da qualidade na produção também podem ser rastreadas nas grandes obras de Henry Ford e Henry Fayol, outros dois grandes revolucionários do capitalismo durante a primeira metade deste século.

também como a euforia na excelência) deriva-se tanto de uma série de transformações profundas no contexto produtivo como da consequente necessidade empresarial de *adaptar-se competitivamente* às novas condições criadas por tais transformações. Basicamente, estas últimas são: a nova configuração do mercado mundial (característica central e de maior implicação); o progressivo desenvolvimento inovador em matéria de tecnologia (graças especialmente à aplicação e difusão produtiva da microeletrônica) e o desenvolvimento de novos materiais; as transformações radicais em engenharia de produção; e, finalmente, o espetacular desenvolvimento de novas formas de direção e gerenciamento[24]. A euforia empresarial pela qualidade deriva-se destas transformações, ao mesmo tempo que sua difusão vem a garanti-las. O principal elemento regulador deste processo é a já mencionada necessidade de assegurar mecanismos favoráveis de adaptabilidade, ajuste e acomodação a um mercado em mutação.

Este fator é particularmente importante, já que coloca um elemento que – estando ainda implicitamente presente nos modelos de controle conhecidos no mundo capitalista até os anos 1970 – significa o desenvolvimento de uma nova concepção estratégica de forte impacto nas práticas produtivas. Mais uma vez: se ela é boa ou má (num sentido axiológico) ou, mais especificamente, se seus efeitos são positivos ou negativos, é algo que – por agora – não nos interessa. Logo trataremos de mostrar como este critério de adaptabilidade e ajuste ao mercado é profundamente negativo (antidemocrático e dualizante) quando se aplica ao campo das políticas públicas do setor educativo. E devemos dizer que este é o critério dominante a partir do qual se discute o problema da qualidade da educação na América Latina. Mas antes detenhamo-nos em um terceiro fator especialmente interessante.

---

24. LETIER, A. "Hacia un sistema integral de Calidad". In: BIASCA, R. & PALADINO, M. (org.). *Competitividad* – Transformar la fábrica para competir en el mundo. Buenos Aires: IAE/Atlántida, 1992.

3. Qualidade-produtividade-rentabilidade. É nesta trilogia que se unificam as preocupações de Taylor e as dos modernos apologistas do gerenciamento competitivo. Aqui cobram coerência e continuidade as velhas e as novas discussões sobre qualidade e excelência no mundo produtivo. Com efeito, nenhum empresário pode ser tão incompetente (com risco de desaparecer rapidamente do mundo dos negócios) a ponto de não considerar que a qualidade é importante na medida em que garante a produtividade (ou a incrementa), fator que lhe assegura manter sua rentabilidade ou ainda aumentá-la. Esta tendência ficará mais clara quando nos detivermos na análise dos custos da qualidade. De qualquer forma, é claro que dificilmente um homem de negócios pensará em incrementar irracionalmente seus padrões de qualidade se com isto compromete sua produtividade e, consequentemente, sua rentabilidade. Tal observação não mantém sua coerência quando é apresentada de forma invertida, ou seja, em algumas ocasiões, é provável (ou necessário) que, a fim de conquistar uma maior rentabilidade (aumentando ou mantendo constantes os índices de produtividade), diminuam-se os padrões de qualidade. Mas este é outro problema que os empreendedores capitalistas taiwaneses conhecem muito melhor que nós. O citado exemplo tomado da obra de Taylor coloca esta questão sem matizes: "qualidade", "produtividade" e "rentabilidade" não podem (nem devem) ser tratados isoladamente. Passemos a outro exemplo.

No recente filme de Philip Kaufmann, *Rising sun*, Sean Connery ensina, desolado, a seu companheiro Wesley Snipes: *"business is war"*. E ainda que o protagonista se refira neste caso à filosofia japonesa para ganhar dinheiro, é um dado evidente que os capitalistas norte-americanos e seus intelectuais orgânicos frequentemente têm lançado mão da guerra – pelo menos – para exemplificar como os amantes do risco devem conduzir-se competitivamente no mundo produtivo. Na verdade, os homens de negócio têm sido mais honestos em reconhecer que a guerra oferece um incalculável arsenal de estratégias pedagógicas para o gerenciamento moderno que em admitir que ela é – em si mesma – um grande negócio. Neste sentido, em princípios de 1991, a revista *Newsweek* editava um sugestivo artigo onde se resgatavam os ensinamentos que, no mundo empresarial, havia deixado a Guerra do Golfo. Com decoroso cinismo, a revista anunciava: *"The Gulf School of Management"*[25]. Ali se descreviam as contribuições que o General H. Norman Schwarzkopf, comandante máximo das "forças de paz", havia formulado sobre a ciência da direção empresarial. As metáforas militares não são novas entre aqueles que pretendem ensinar a melhor forma de ganhar dinheiro no belicoso mercado mundial. Com efeito, elas podem ser encontradas em outro dos clássicos estudos de F.W. Taylor, *A direção das oficinas*[26], e também na obra dos conhecidos pesquisadores norte-americanos, que recuperaram o forte impulso explicativo (ou pedagógico) destas metáforas: Thomas J. Peters e Robert H. Waterman Jr., ambos autores de um famoso *best-seller* na área de gerenciamento, *In search of Excellence*, onde são relatadas "experiências das empresas melhor gerenciadas dos Estados Unidos"[27]. No oitavo capítulo de seu livro, "Produtividade para o pessoal", Peters e Waterman estabelecem uma analogia extremamente interessante. Ao pretender mostrar a importância produtiva de tratar com dignidade e respeito os trabalhadores, recorrem à experiência trazida por Elmo Zumwalt, ex-chefe de operações navais dos Estados Unidos, que, "baseando-se em sua crença elementar de que as pessoas respondem bem quando as tratamos como adultos" [234], revolucionou as práticas das Forças Armadas de seu país. Dizia Zumwalt:

> "[...] o que mais me esforcei para fazer foi assegurar-me de que todo oficial e marinheiro a bordo soubesse não apenas o que estávamos fazendo, não só por que realizávamos determinada evolução tática, por difícil que fosse, mas também que compreendes-

---

25. Artigo citado por LETIER, A. Op. cit., 1992.

26. Consideraremos aqui a Edição de Serrano e Urpi S.L. Barcelona, 1925.

27. PETERS, T. & WATERMAN JR., R. *En busca de la Excelencia*. Bogota: Norma, 1991. Destacamos entre colchetes o número da página das citações correspondentes.

se como tudo aquilo se encadeava, de modo que começasse a experimentar uma parte da diversão e do estímulo que desfrutávamos nos postos de comando. *Nossas técnicas não tinham nada de extraordinário.* Fazíamos frequentemente comentários pelos alto-falantes sobre o sucesso que se estava conseguindo. No começo e no fim do dia eu discutia os assuntos com os oficiais, que por sua vez discutiam com seus subalternos o que iria ou o que acabava de ocorrer, *o que estava fazendo o adversário e o que nós devíamos fazer para fazer-lhe frente.* Na ordem do dia, publicávamos notícias escritas para dar à tripulação algo de calor e interesse humano do que a embarcação estava realizando. Eu promovia grandes sessões de debates nos alojamentos dos cabos de mar, onde amiúde me detinha para tomar com eles um café. Sem dúvida, mais importante que todos estes detalhes era o esforço básico de transmitir-lhes o entusiasmo, a diversão e o prazer em tudo o que estávamos fazendo" [234-235, grifo nosso].

Ora, o que nos ensina esta ode ao romantismo bélico pouco crível em um desaforado bando de *marines* desejosos de entrar em ação? Peters e Waterman respondem:

"[...] deve-se tratar os trabalhadores como adultos, como sócios; deve-se tratá-los com dignidade, com respeito. Deve-se tratá-los – não aos gastos de capital nem à automatização – como fonte primária de melhorias na produtividade. Estas são lições fundamentais que se depreendem da pesquisa nas melhores companhias. *Em outras palavras, se se quer produtividade e as respectivas recompensas financeiras, tem-se de tratar os trabalhadores como os ativos mais importantes*" [236].

É a necessidade de maximizar seus benefícios que leva os empresários a pensar estratégias competitivas. A "qualidade" tem um papel destacado neste processo como um de seus fatores centrais, de acordo com a ênfase que se dê a cada período do desenvolvimento da história do capitalismo. Talvez estejamos sendo demasiado óbvios: os empresários estão neste mundo (ou, como queiramos chamá-lo: "vale de lágrimas", "sistema selvagem de exploração", "universo de atores sociais", etc.), entre outras coisas, para ganhar dinheiro. Ninguém que não persiga este objetivo terá sucesso no mundo dos negócios (ou o terá somente como exemplo vivo de um estrondoso fracasso). Os empresários latino-americanos poderão não ver algumas coisas muito claro; o que com certeza conhecem são as razões pelas quais se dedicam aos negócios. Pode-se dizer que a emoção e o amor filantrópico pela "qualidade" não é esta razão. Esta não tão repentina paixão pela qualidade é – *nada mais nada menos* – que um elemento que contribui para otimizar a acumulação. E vale lembrar aqui a frase do velho Marx: "Acumular, acumular! Esta é a lei de Moisés e dos profetas"[28].

4. A busca da Qualidade supõe uma organização particular do processo produtivo. Esta questão deriva-se, evidentemente, das anteriores. Quando nos referimos à qualidade no sistema produtivo, fazemos necessariamente alusão a certas modalidades de organização de caráter também variável. Com efeito, dos exemplos apresentados deduz-se que tais modalidades sofreram (e sofrem) mudanças substanciais ao longo do tempo. As estratégias de controle de qualidade mudam, se modificam e até se transformam radicalmente, fazendo pensar, inclusive, que o que antes se entendia por "qualidade" pouco ou nada tem a ver com esta, segundo os novos critérios que vão sendo definidos. Vamos esclarecer referindo-nos brevemente aos casos anteriores: para Taylor, a ociosidade impedia que os trabalhadores reconhecessem as vantagens existentes no incremento da produção. Aquelas moças dedicavam-se dez horas e meia por dia ao trabalho de verificação de peças de aço, mas – na realidade – trabalhavam menos: distraíam-se, "vagueavam", "faziam de conta" que produziam. Não aceitavam a paternal recomendação de Taylor: "trabalho é trabalho e diversão é diversão, cada coisa em seu tempo" [90]. Tampouco aceitavam (talvez suspeitando das intenções do não tão inocente Thompson) reduzir a jornada de trabalho mantendo os mesmos níveis de produtividade. Já vimos

---

28. MARX, K. *El Capital.* México: FCE, 1978 [Tomo I, cap. 24].

que, em realidade, pouco importava ao engenheiro norte-americano esta questão: com ou sem a aceitação das trabalhadoras, ele imporia os critérios "científicos" que permitiriam otimizar a tríade "qualidade-produtividade-rentabilidade". Era o estudo científico dos tempos e dos movimentos que eliminaria qualquer tipo de resistência operária fundada no culto ao "ócio e desocupação sistemática"[29]. Taylor disse isto mais claramente: "[a] pesquisa demonstrou que as operárias passavam uma considerável parte de seu tempo em uma ociosidade parcial, falando e trabalhando pela metade, ou não fazendo realmente nada" [89]. A solução então não se fez esperar, foram separadas e obrigadas a distrair-se somente nos momentos em que a supervisão permitia. Novamente disse um Taylor já quase transparente em sua sinceridade: "não existe dúvida de que certas pessoas dirão que estas operárias eram tratadas brutalmente. E eram, realmente, se se considera assim o fato de que [depois de aplicar os critérios "científicos"] ficaram tão distantes umas das outras que não podiam falar comodamente enquanto trabalhavam" [95].

Com absoluta certeza, hoje, poucos empresários concordariam em que os métodos de Taylor garantem qualidade, produtividade e – consequentemente – rentabilidade. As coisas mudaram. Atualmente, vivemos o despertar de um certo arroubo participacionista sem precedentes na história do capitalismo. Sua expressão paradigmática são os conhecidos *círculos de qualidade*[30]. Tal questão torna-se evidente nos trechos extraídos da obra de Peters e Waterman: "confiança", "participação", "delegação", "capacitação", "respeito", "dignidade" são palavras

---

29. NEFFA, J.C. *El proceso del trabajo y la economía del tiempo* – Contribución al análisis de K. Marx, F.W. Taylor y H. Ford. Buenos Aires: Humanitas, 1990, p. 109. Cf. tb. CORIAT, B. *El taller y el cronómetro*. México: Siglo XXI, 1985, e FRIEDMANN, G. *O trabalho em migalhas*. São Paulo: Perspectiva, 1983.

30. "Um círculo de qualidade está integrado por um pequeno número de empregados da mesma área de trabalho e seu supervisor, que se reúnem voluntária e regularmente para estudar técnicas de melhoria do controle de qualidade e de produtividade, com o fim de aplicá-las na identificação e solução de dificuldades relacionadas com problemas vinculados a seus trabalhos." THOMPSON, P. *Círculas de Calidad – Como hacer que funccionen*. Bogotá: Norma, 1991, p. 3.

que, provavelmente, agradariam ao próprio F.W. Taylor (que – conforme dito anteriormente – foi um dos primeiros a reconhecer o valor produtivo das "relações amistosas"). Entretanto – e aqui Henry Ford deu uma contribuição magistral –, nada substituía a precisão implacável do ritmo imposto por uma cadeia de montagem. Hoje, os empresários reconhecem que aqueles velhos tempos não tinham nada de moderno e – sobretudo – que os operários mecanizados que imortalizou o genial Chaplin podem chegar a ser menos produtivos (menos rentáveis) que um operário participativo e motivado ou, como se costuma dizer agora, "polivalente". Se estas novas estratégias de gestão e direção tendem a reproduzir um novo modelo disciplinador menos visível que o que caracterizava a brutalidade material do sistema de controle taylofordista, isto é um problema que – na presente ocasião – não nos interessa muito. No momento somente queremos destacar duas questões. Primeiro, que a qualidade supõe uma estratégia particular de organização que conduz a um tipo específico de controle, que tem variado historicamente. Segundo, que estas formas de controle são sempre modalidades específicas de disciplinamento que, para além de questões de valores, existem em toda organização do trabalho. Taylor já dizia: "todos os sistemas de direção necessitam, infelizmente, de um método para disciplinar os homens; sobre isto, como em todos os demais detalhes da organização, convém adotar um plano conveniente, cuidadosamente estudado. Nenhum sistema de disciplina é completo se não é suficientemente amplo para ser aplicado à grande variedade de caracteres e disposições dos diversos operários reunidos em uma fábrica"[31]. A qualidade tem muito a ver com isto. Antes, o férreo controle "científico" do supervisor; hoje, a participação de toda essa grande família que é a empresa – *"things ain't what they used to be"*.

---

31. TAYLOR, F.W. Op. cit., 1925, p. 257.

5. A Qualidade é mensurável e tem um custo. Já fizemos algumas referências ao fato de que, na retórica empresarial moderna, a qualidade costuma ser destacada como uma nova filosofia produtiva e, às vezes também, como uma nova cultura. Há inclusive quem afirme que esta e aquela não podem ser compreendidas fora de seu contexto de origem: a sociedade japonesa[32]. Diz-se que, nas raízes milenares desta civilização, encontram-se as respostas para as razões do êxito japonês no mundo dos negócios e para um dos seus valores mais prezados: a obsessão pela qualidade. A fantástica e idílica história do capitalismo nipônico possui tal força persuasiva que seria quase herético pretender colocá-la em discussão aqui. Preocupa-nos outro assunto que nada tem a ver com a conhecida retórica do sacrifício, da resignação e do sofrimento oriental confucionista que costuma ser utilizada quando se pretende demonstrar a ociosidade de nossos operários ocidentais e cristãos. A questão é simples: com ou sem filosofia de permeio, todo empresário sabe que, para que a qualidade signifique alguma coisa no mundo dos negócios, esta deve ser mensurável e quantificável. A qualidade como valor ético-filosófico carente de uma expressão concreta e mensurável pode ser um preceito bíblico, nunca um princípio que reja as práticas produtivas, seja no Japão, nos Estados Unidos, na América Latina ou onde seja. O espírito positivo se impõe aqui sobre qualquer tentação metafísica (já que se trata de filosofia): a qualidade de uma mercadoria X – ou, mais abrangentemente, de um processo produtivo Y – só pode ser considerada comparativamente a outra mercadoria X' ou a outro processo de produção Y'. Trata-se de uma questão pura e simples de observação e medição. Para isto existe uma variada (e, em alguns casos, sofisticada) gama de ferramentas estatísticas e um número considerável de "especialistas" em controle de qualidade cuja tarefa consiste em aplicar eficientemente estes instrumentos. Em uma lexicografia mais técnica, tal processo denomina-se *"controle estatístico da qualidade"* (*Statistic Quality Control* – SQC), desenvolvido na década de 1930 por W. A. Shewhart. O célebre W. Edwards De-

---

32. BIASCA, R. *Resizing.* Buenos Aires: Macchi, 1992.

ming define-o como "a aplicação de técnicas estatísticas em todas as etapas da produção com o fim de obter produtos maximizando utilidades e satisfazendo o mercado"[33]. O que se pretende com estas técnicas? Reduzir para um nível ótimo os índices de *scraps* (refugos ou desperdícios) em cada um dos níveis e dimensões do processo produtivo. Se voltamos ao caso das verificadoras de peças de aço, esta era uma das obsessões de Taylor e o problema que procuravam resolver as medições de Thompson. Também é o que se propõe – com instrumentos muito mais sofisticados do que os que possuía Taylor – qualquer empresa moderna que projeta e aplica um *Programa de Qualidade*. Torna-se evidente que se têm mudado, ao longo do desenvolvimento histórico do capitalismo, os critérios e as concepções com referência à qualidade, também têm sido modificadas as estratégias para medi-la. Este assunto não merece maiores comentários. A questão central é que a *mensurabilidade* sempre foi (ontem e hoje, com a mesma ênfase) o aspecto capaz de materializar qualquer aspiração empresarial que tenda a gerar melhorias nos níveis de qualidade. Semelhante observação nos remete ao conteúdo de nossos itens anteriores e aos elementos presentes na definição de Deming. Ou seja, o motivo de tal apego aos aspectos mensuráveis da qualidade está orientada pela maximização de utilidades e a necessária adaptabilidade ao mercado que persegue toda empresa competitiva. As já quase totalmente difundidas *normas internacionais de qualidade* e a função simbólica que, em níveis crescentes, desempenham os *prêmios à qualidade* constituem formas sofisticadas de generalização de critérios de controle e proteção tanto nos mercados locais como – em um nível mais geral – no mercado mundial. As normas de qualidade contribuem para uma hierarquização de empresas e produtos, ao estabelecer critérios classificatórios de tipo universal. Em uma linguagem mais simples: se uma empresa Z conquistou para seus produtos o *Certificado de Qualidade Internacional ISO 9000* e – além disso – foi condecorada com o *Prêmio Malcolm Baldrige de Qualidade*, ela possuirá – com absoluta certeza – uma in-

---

33. LETIER, A. Op. cit., 1992, p. 280.

questionável posição de privilégio para atuar competitivamente conquistando mercados. Detenhamo-nos brevemente agora no problema dos custos da qualidade.

A qualidade é necessária e, como tantas outras coisas necessárias – a saúde, a educação, a segurança, por exemplo –, não é grátis. Ela tem um custo, em duplo sentido[34]. Por um lado, existe no campo produtivo o que se denomina *custo da ineficiência* ou *custo da não qualidade*. A busca do que se pode chamar *zero defeito (ZD)* tem por objeto eliminar ou restringir o *custo da eficiência* ou *custo do cumprimento*. Daí que, em uma terminologia técnica, o *Custo Total da Qualidade* seja a soma de ambas as dimensões: a da ineficiência e a da eficiência. No universo empresarial, nenhuma destas questões possui um valor absoluto ou, se quisermos, filosófico. Trata-se mais especificamente de uma questão que se resolve com a exatidão das somas e subtrações. Ricardo Lopes expressa este princípio com perfeita clareza: "a ninguém interessaria ter uma taxa de defeitos zero a um custo tal que elevasse o preço do produto acima dos valores do mercado" [333]. Relativizemos então o exemplo com que fechamos o parágrafo anterior: se a empresa Z (apenas por uma questão "filosófica") pretende obter o Certificado Internacional ISO 9000 e, para isto, o preço de seu produto W se eleva de U$10 a U$200, sendo que o custo competitivo de um produto W no mercado é de U$15, evidentemente esta empresa não terá como competir nesse mercado, por mais prêmios que ganhe. A pretensão de reduzir ou eliminar os custos de ineficiência não podem elevar excessivamente os custos de eficiência, simplesmente porque o custo total de uma qualidade será absurdo ou, melhor dizendo, não competitivo. Lembremos sempre que os empresários estão para acumular e não para demonstrar suas aptidões em campeonatos que meçam excelência. É sempre bom lembrar também que, muito além de qualquer enganosa retórica eficientista, se estes campeonatos existem é porque eles contribuem

---

34. LOPES, R. "Calidad: claves para un proceso de mejora". In: BIASCA, R. & PALADINO, M. Op. cit., 1992.

para hierarquizar, ordenar e classificar os melhores acumuladores de capital. Voltemos agora à educação.

A Qualidade como critério mercantil e a crise da educação nos anos 90

Uma vez apresentadas algumas das dimensões que definem os critérios de qualidade no mundo dos negócios, podemos abordar com maior precisão certos aspectos citados de como se traduz esta problemática no campo educacional. Vamos nos ocupar agora de duas questões básicas: primeiro, e em um plano mais descritivo, trataremos de mostrar como se produz, em certos casos concretos, o segundo aspecto do duplo processo de transposição citado no início deste artigo. Ou seja, veremos como a nova retórica da qualidade no campo educacional assume grande parte dos conteúdos que este debate possui no campo produtivo-empresarial. Segundo, e em um plano mais analítico, trataremos de abordar uma tentativa de explicação acerca de por que isto ocorre no campo educacional, quais são as razões que mobilizam este processo de transposição e quais as suas consequências mais evidentes. Para isto recorremos também a um caso específico, o caso chileno, que representa o modelo mais completo de reforma educacional no qual estes princípios têm sido postos em prática com maior intensidade. O caso da reforma educacional chilena expressa o êxito arrasador das políticas neoconservadoras no campo da educação, tendo-se convertido, assim, no paradigma orientador das políticas educacionais de grande parte dos países latino-americanos e no *leading case* dos organismos internacionais. Comecemos por ordem.

Dos modelos (ainda) incompletos

Modelo 1. A qualidade como sistema institucional (ou como aplicar os princípios da empresa em uma escola)

O programa *"Escola de Qualidade Total"* (EQT) tem sido desenvolvido no Brasil por Cosete Ramos, coordenadora adjunta do Núcleo Central de Qualidade e Produtividade subordinado ao Ministério da Educação[35]. Mesmo em se tratando de uma proposta que ainda não possui ampla difusão no Brasil, ela resume grande parte das características centrais dos programas de *Total Quality Control* (TQC) aplicados em algumas instituições educativas norte-americanas[36]. Deste modo, a Escola de Qualidade Total começa a evidenciar-se como a tentativa mais séria de aplicar os princípios empresariais de controle de qualidade no campo pedagógico. A autora da proposta supõe que "uma solução possível para a crise educacional do país reside na *concepção de um modelo brasileiro de Escola de Qualidade Total.* [E que] "esta proposta traz consigo uma estratégia inovadora de transformação de *baixo para cima*, de cada escola, de cada instituição de ensino, *para a melhoria global do sistema educativo nacional*" [87, grifado no original]. Na perspetiva de C. Ramos, isto acontecerá à medida que se defina – entre outros fatores – um *Pacto para a Qualidade* estabelecido entre alunos, professores, dirigentes, técnicos, pessoal administrativo do setor educacional, padres e a sociedade como um todo.

Em que consiste este programa de qualidade para a escola? Basicamente, na aplicação do Método Deming de Administração na gestão de instituições escolares. Cosete Ramos destaca que a partir dos ensinamentos de W. Edwards Deming[37], e do desenvolvimento de uma série de estratégias fundadas na aplicação de seu célebre "Método de 14 Pontos", é possível "analisar e repensar as estruturas, funções e atividades da escola" [13]. As ideias de Deming, de grande aceitação no mundo dos negócios, podem (e devem) ser aplicadas ao campo educacional já que, segundo a autora, "este ideário, inicialmente utilizado para empresas privadas, pode ser extrapolado para qualquer tipo de organização humana, independentemente de seu vínculo, caráter, tamanho, localização, área de atuação ou razão de ser" [12]. Toda

---

35. Cf. RAMOS, C. *Excelência na educação* – A Escola de Qualidade Total. Rio de Janeiro: Qualitymark, 1992. Os números entre colchetes correspondem às páginas desta edição.

36. Veja-se o número especial da revista *Quality Progress* destinado à "Qualidade em Educação". Nova York, out. 1991.

37. DEMING, W.E. *Qualidade:* a revolução na administração. Rio de Janeiro: Marques Saraiva, 1990.

a proposta da Escola de Qualidade Total baseia-se em uma tradução escolar dos citados "pontos" de Deming:

1. Filosofia da Qualidade
2. Constância de propósitos
3. Avaliação do processo
4. Transações de longo prazo
5. Melhoria constante
6. Treinamento em serviço
7. Liderança
8. Distanciamento do medo
9. Eliminação de barreiras
10. Comunicação produtiva
11. Abandono das quotas numéricas
12. Orgulho na execução
13. Educação e aperfeiçoamento
14. Ação para a transformação

Todos estes aspectos se complementam com os princípios apresentados por quem foi o difusor das ideias de W.E. Deming no campo escolar, William Glasser[38]:

1. Gestão democrática ou por liderança da escola e das salas de aula.
2. O diretor como Líder da comunidade educativa.
3. O professor como Líder dos alunos.
4. A escola como ambiente de satisfação das necessidades de seus membros.
5. Ensino baseado no aprendizado cooperativo.
6. Participação do aluno na avaliação de seu próprio trabalho.
7. Trabalho escolar de alta qualidade como produto de uma Escola de Qualidade [42].

O Programa "Escola de Qualidade Total" caracteriza-se por seu claro sentido microinstitucional. A ideia que atravessa este

---

38. GLASSER, M. *The Quality School.* Managing students without coercion. Harper Collins Publishers.

projeto é que, com uma série de estratégias de tipo participativo que traduzem no cotidiano escolar a "filosofia da qualidade", a instituição educacional muda e suas práticas dominantes se transformam. Trata-se do que se poderia chamar de *otimismo contagioso na função redentora da qualidade*". Vejamos de que forma Glasser o expressa:

> Se pudéssemos alcançar a Qualidade em nossas salas de aula, como creio que podemos, a Qualidade acadêmica se tornará contagiosa, como sucede com as atividades extraclasse. Na medida em que a Qualidade se torne essencial aos trabalhos dos cursos, os estudantes ficarão orgulhosos do que fazem e esse orgulho se tornará tão contagioso como o orgulho em qualquer situação [42].

A estratégia participativa desta experiência não se diferencia, em quase nada, do que constituem os Círculos de Qualidade nos meios empresariais, denominados aqui – sem muita originalidade – *Equipes ou Comitês de Qualidade*. São estes a "unidade catalisadora ou o agente das mudanças" [72] na Escola de Qualidade Total. Tal como afirma C. Ramos: "a Qualidade se decide no topo (direção da escola), mas se constrói de baixo para cima (o que é possível através dos comitês.)" [71]. Torna-se significativo que, ainda quando a principal difusora desta proposta é coordenadora do Núcleo Central de Qualidade e Produtividade subordinada ao Ministério da Educação, neste programa desconsidera-se e ignora-se qualquer tipo de referências ao contexto político. Tudo se resume na boa vontade dos "atores" (estudantes, professores e diretores) para instalar, criar e reproduzir as condições institucionais da qualidade em suas próprias escolas. Em tal sentido, a proposta brasileira supõe um certo grau de privatização da política educacional, orientada pela necessidade de transferir qualquer decisão de reforma no interior de cada escola. É neste quadro endógeno que os "atores" negociam as mudanças citadas no seu próprio cotidiano e na especificidade de suas próprias funções. O *Pacto de Qualidade* mencionado anteriormente não passa de uma mera formulação discursiva que carece, na proposta, de uma referência empírica e concreta. Desta forma: o diretor decide aplicar os princípios da qualidade (o Método Deming) em sua escola; os professores e os alunos o aceitam e decidem aplicá-lo em sua prática diária, todos se encontram no *Comitê de Qualidade* e, magicamente, a escola se transforma. Semelhante raciocínio se completa com a hipótese de que, se todas as escolas assumirem este "desafio", o sistema Educacional do Brasil ("por contágio") assumirá a Qualidade como "força vitalizante" [140]. Exemplo desta privatização no nível das decisões político-institucionais evidencia-se quando a autora pretende desenvolver as dimensões do nono item do Método Deming aplicado à educação ("eliminação das barreiras"). Quais são estas "barreiras"? Primeiro, "a centralização administrativa"; segundo, "o isolamento pedagógico"; e, terceiro, "a influência dos grupos informais". Vejamos cada um destes aspectos:

1. Centralização administrativa: ainda que possa parecer, não se trata de uma recuperação dos ensinamentos de F. Hayek levados ao plano educativo. O sujeito da centralização administrativa é, na proposta da Escola de Qualidade Total, *o diretor*. O que Cosete Ramos pretende afirmar é que se os diretores concentram poder (gerenciam de forma taylorista, diríamos em uma terminologia mais apropriada), colocam – voluntária ou involuntariamente – uma barreira intransponível na Qualidade.

2. Isolamento pedagógico: tampouco trata-se aqui de uma vocação ecológica para inserir a escola "no meio que a cerca". O sujeito do isolamento pedagógico é o professor. Trata-se do docente que "passa o tempo (quase) todo de aula falando para uma plateia que ele crê (erradamente) extasiada com sua capacidade de acumular conhecimento (verborragia). [Ele] utiliza o poder da "cátedra" em benefício próprio e de uma pequena "claque" que o acompanha" [30]. Tais professores são outra "barreira" para a Qualidade.

3. Influência de grupos informais: aqui a questão se torna mais interessante. Pela primeira vez no esquema de C. Ramos, aparece alguma referência concreta ao que os populistas argentinos costumam denominar "a comunidade organizada". Ainda que para Cosete trate-se de "grupos informais", faz referência aqui aos sindicatos. Sem nomeá-los (em digna homenagem ao princípio de que as palavras escravizam), diz:

> Estes grupos aparecem, algumas vezes, em um estabelecimento de ensino com o objetivo de "proteger os ser-

vidores contra a administração". Sua atuação, quando é guiada por interesses puramente corporativos, tem efeitos altamente prejudiciais para a Escola.

Estes grupos informais são indesejáveis quando desencadeiam ações negativas que vêm a:

– estimular o conformismo entre os membros da organização;
– gerar conflito com as decisões e as necessidades de gerenciamento da escola;
– lançar boatos falsos ou parcialmente verdadeiros que afetam a moral da comunidade; e
– promover a resistência em troca, orientada para a manutenção do *status quo* [30].

A sociedade aparece então somente sob a forma de interferência, de estorvo. A partir da perspectiva da Escola de Qualidade Total, a política, o conflito é apenas um fator que entorpece e obscurece a livre ação dos "atores" educacionais para impor o prezado valor da Qualidade nas escolas. Daí que:

Uma alternativa viável para derrubar estas barreiras que perturbam a destinação e a trajetória da Escola consiste na estruturação e no funcionamento de Equipes ou comitês da Qualidade, com características diferenciadas, em decorrência dos objetivos para os quais forem organizados. Outras abordagens serão buscadas, em cada Escola, a partir de sua realidade, para eliminar as barreiras que, de uma forma ou de outra, possam comprometer o êxito da Instituição [31].

Apesar de tudo, como afirmamos no início, esta experiência constitui o intento mais sistemático para transformar a escola em uma instituição produtiva à imagem e semelhança das empresas. Daí que nela se façam referência aos alunos sempre em sua condição de "clientes-alunos" e que se transponha – sem matizes – a semântica dos negócios à dos processos pedagógicos. A política e as variantes sociais desaparecem (coisa que – diga-se de passagem – nenhum empresário se animaria a afirmar com tanta veemência). Somente quem prefacia o livro citado, Ecilda Ramos de Souza, reconhece que, no fundo, existe um conflito subjacente de grande intensidade. Vale a pena ouvir suas razões peculiares:

Trava-se, na escola, neste final de século, um duelo de morte entre a excelência e a mediocridade.

Há, de um lado, uma maioria silenciosa e incompetente de professores, diretores e alunos que aceita a ineficiência, o atraso, a improvisação e a rotina – criadores da estagnação e do retrocesso – que podem levar uma nação à perda da autonomia de seu destino. Com esta maioria, pactuam as famílias e a Sociedade, abrindo mão da vigilância em nome de falsas e levianas facilidades momentâneas e niveladoras.

De outro lado, uma pequena minoria, no setor Educação, luta pelo aperfeiçoamento e a melhoria contínuos dos métodos, processos e técnicas de ensino-aprendizagem, na convicção de que a batalha do futuro se perde ou se ganha em cada sala de aula deste País [V].

Modelo 2. A Qualidade como prova e as provas da qualidade (ou como obcecar-se pelo ranking das escolas)

O *Sistema Provincial de Avaliação da Qualidade da Educação* (Mendoza, Argentina) constituiu uma das primeiras experiências de medição da qualidade desenvolvidas no país[39]. Este Programa partiu da decisão provincial de "estabelecer um sistema de medição e realizar um censo nas séries terminais da escola primária e secundária, isto é, avaliar todos os alunos que

---

39. Consideraremos aqui como referência o breve documento elaborado por LA ROSA, C.R. & COUSINET, G. *Calidad de la Educación* – La experiencia de medición en la Provincia de Mendoza. 9ª Conferencia de Bancos Privados Nacionales. Buenos Aires, Adeba, 1993. Os números entre colchetes correspondem às páginas deste informe. Lamentavelmente, não dispomos ainda de informação suficiente para julgar o *Primeira Operação Nacional de Avaliação da Qualidade da Educação* implementado, na Argentina, pelo Ministério da Educação durante o segundo semestre de 1993. De qualquer forma, e dado que o eixo inicial desta "operação" consistiu na aplicação a uma mostra estudantil de um conjunto de provas nas áreas de Matemática e Língua, podemos prever que pouco se distinguirá – em sua primeira fase – da experiência aqui analisada. Mesmo assim, podemos suspeitar que a Gestão Menem não se conformará com as obviedades que – segundo veremos – tanto fascinam os funcionários de Mendoza. Em matéria educacional, durante 1994, a Argentina será um verdadeiro laboratório de ajuste neoconservador travestido em retórica tecnocrática da qualidade. Posteriormente desenvolveremos alguns aspectos da reforma educacional chilena que nos podem ajudar a compreender melhor até onde se orientam as não tão inocentes políticas de avaliação do ministério argentino.

terminavam estes níveis" [2]. Operacionalmente, o mesmo consistiu na aplicação de provas avaliatórias nas áreas de Língua e Matemática.

Em pouco tempo, este Programa se transformou na experiência-piloto que seduziu empresários, políticos de outras províncias, burocratas de diversos níveis ministeriais e, é claro, mais de um intelectual reconvertido. Apesar disto, falta à prova de Mendoza qualquer espécie de originalidade. Isto não impediu o ex-secretário da Educação da Província, Carlos Salvador La Rosa, e a diretora deste Sistema, Graciela Cousinet, de afirmar que "[a análise dos resultados das provas] permitiu que tivéssemos essa unidade de medida indispensável no mundo moderno, sem a qual não há intervenção eficaz, e permitiu que nos surpreendêssemos do fato de que este sistema tenha completado? quase terminado o século XX" [2]. Para além de sua modéstia franciscana, ambos os funcionários destacaram da seguinte forma os rudimentos teórico-metodológicos do Sistema Provincial de Avaliação da Qualidade da Educação:

1. a qualidade é uma variante que se mede;

2. a qualidade da educação se mede através de provas padronizadas;

3. medir a qualidade melhora a qualidade;

4. a difusão em massa dos resultados da medição da qualidade melhora a qualidade;

5. medir a qualidade da educação constitui uma decisão política que implica em apostar na transparência e na responsabilidade da função pública; e

6. medir a qualidade da educação não é caro.

Os funcionários de Mendoza atribuem caráter inovador a uma metodologia que, no campo da pesquisa educacional, tem já várias décadas. Devemos lembrar que foi na década de 1960 que Hans Thias e Martin Carnoy desenvolveram seu conhecido estudo sobre a análise de provas de rendimento. E também que sua investigação empírica não teve por objeto o seleto público de uma escola nova-iorquina, mas sim um conjunto de escolas do Quênia[40]. Somente uma originalidade há no projeto de Mendoza. Pelos anos 1960, esta metodologia era considerada inconveniente devido a seu custo e à duvidosa confiabilidade de seus resultados. Segundo o testemunho dos coordenadores deste programa, o censo acabou sendo barato e – de forma temerária – "absolutamente confiável". Enfim, será outra das tantas coisas que mudaram dos anos 1960 para cá.

De qualquer forma, o sistema de avaliação desenvolvido na Província de Mendoza faz concluir um aspecto que o caracteriza: *a elaboração de uma série de rankings de escolas, segundo os resultados obtidos nas provas aplicadas.* Vejamos como se concretiza esta obsessão *ranqueadora*:

> [depois de aplicada a prova e sistematizada a informação] "Os responsáveis máximos, isto é, os funcionários políticos, dispõem dos resultados obtidos escola por escola em Língua e Matemática, do *ranking geral das escolas privadas, públicas, urbanas, rurais e urbano-marginais*, e para o caso da secundária, a *lista 'ranqueada' segundo a modalidade do colégio*. Também dispõem dos resultados obtidos por zona de supervisão regional e seccional. Às médias gerais se agrega a média obtida por cada um dos núcleos ou objetivos medidos.
>
> Aos supervisores entrega-se a *lista 'ranqueada' de suas escolas* e as médias gerais e por objetivos obtidas por cada uma delas.
>
> Finalmente, cada escola obtém informação pormenorizada, desagregada, até que se disponha do dado de que alternativa marcou cada aluno para cada um dos itens. Também se dá a média da província para cada uma das assinaturas medidas e a média das escolas de características similares, além de sua posição no *ranking*" [4, grifo nosso].

---

40. THIAS, H. & CARNOY, M. *Cost-benefit analysis in education*: a case study of Kenya. Baltimore: John Hpkins Unviersity Press, 1969.

Se as contas não falham, tratou-se de, pelo menos, três tipos de *ranking* que, em suas múltiplas divisões internas, formam um total maior que doze. Some-se a isto o ranking *público* (os outros são de circulação restrita) contendo as vinte melhores escolas primárias e as dez melhores secundárias. Esta particular modalidade de hierarquização do sistema educacional, inscrita no que caracterizamos em outro estudo como a ideologia das "pedagogias *fast food*"[41], inspira-se em três concepções que compartilham a escola tradicional e os modernos *McDonald's*: a noção de mérito, a função exemplificadora do quadro de honra e a filosofia do "você pertence à equipe dos campeões"[42]. Por último, digamos que – parece – os funcionários de Mendoza suspeitam que são os sistemas estatísticos de medição da qualidade que geram mudanças qualitativas nas instituições educacionais. Semelhante reducionismo nunca seria defendido por um homem de negócios. Esta é, contudo, outra questão à qual voltaremos mais adiante.

O que estes modelos têm em comum? (E em que se diferenciam de outro Programa de Controle de Qualidade aplicado em uma empresa?)

Apesar de tratar-se de programas de natureza diversa, ambos os modelos coincidem em sua fascinação por certos conteúdos do discurso empresarial sobre qualidade, transpondo-os sem matizes à análise da escola ou do sistema educacional. No primeiro caso, a pretensão de traduzir "pedagogicamente" os princípios de W.E. Deming leva à exacerbação do componente participativo que possuem os modernos programas de controle de qualidade e à ingênua suposição de que os Comitês, Equipes ou Círculos de Qualidade constituem em si mesmos a solução para os problemas da escola. No segundo, a obsessão pela medição (traduzida na obsessão pelo *ranking*) leva a supor que este simples ordenamento hierárquico melhora por si mesmo o rendimento qualitativo dos estabelecimentos educacionais. Ambos os programas apelam para a terminologia do mundo dos negócios

---

41. GENTILI, P. *La ideología de las "pedagogias* fast food*".* 1993 [mimeo].

42. GREFE, C.; HELLER, P.; HERBST, M. & PATER, S. *El imperio de la hamburguesa.* Barcelona: Gedisa, 1988, p. 67.

tal como se a eficiência e a produtividade se definissem por uma simples competição de caráter simbólico. Raciocínio rudimentar fundado na crença de que, quanto mais termos "produtivos" se aplicam à educação, mais "produtivo" se torna o sistema educacional.

Sendo excelentes exemplos de transposição semântica (do campo empresarial ao escolar) ambos os programas não passam de um conjunto de receitas de duvidosa eficácia política. Digamos que não superam o nível de um simples encantamento fetichista frente a determinados indicadores que, ao serem descontextualizados, nada nos dizem, além do fragmento de realidade que simplesmente mostram. Qualquer livro de gerenciamento, e, especialmente, qualquer manual sobre *Total Quality Control*, previne acerca deste tipo de reducionismo: não se trata apenas de medir, nem de que todos participem. Nem sequer afirmam (nem mais, nem menos) que a qualidade é um problema doutrinário e de fé religiosa. Já fizemos alguns comentários sobre esta questão quando abordamos o problema dos custos da qualidade. Todos reconhecem (de um modo ou de outro) que se trata de criar certas condições estruturais que garantam a qualidade e, consequentemente, que tornem atrativa sua medição. O já citado Alfredo Letier afirma: "não devemos confundir as ferramentas estatísticas de controle de qualidade com o sistema integral da qualidade" [280]. Por outro lado, Yasuhiro Monden, em seu difundido livro *O sistema de produção Toyota*, afirma:

> [...] o Sistema Toyota tenta aumentar a produtividade e reduzir os custos de fabricação. A diferença de outros sistemas, entretanto, consegue seus objetivos sem atentar à dignidade humana do trabalhador. [isto ocorre] mediante melhoras em cada unidade de trabalho levadas a cabo por grupos reduzidos que se denominam *círculos de controle de qualidade*[43].

---

43. MONDEN, Y. *El sistema de producción Toyota*. Buenos Aires: IAE/Macchi, 1990, p. 133.

Em outras palavras: a medição e os "círculos" são o meio, não o fim para dar acesso a melhores padrões de qualidade no mundo produtivo. As propostas anteriormente apresentadas partem do princípio contrário: nelas, a carroça é colocada na frente dos bois. Fica evidente que nenhuma empresa pode ser considerada competitiva pelo simples fato de que seus operários participem das decisões. Tampouco – exclusivamente – porque seus produtos estejam em certas posições privilegiadas dentro de um *ranking* de qualidade. Neste último caso, mesmo a obtenção de um determinado certificado internacional de qualidade (por exemplo, a série ISO 9000) ou a conquista de um determinado prêmio (por exemplo, o Prêmio Deming, ou a Medalha à Qualidade instituída no Japão) nunca é o resultado da avaliação final de um produto X, mas sim a consequência da análise global de um processo que define um *estilo produtivo* cujo resultado – isso sim – se expressa neste produto.

Sejamos mais precisos. Se se avalia a partir de parâmetros empresariais competitivos, a obsessão pelo *ranking* implícita na experiência de Mendoza assume os critérios de avaliação do sistema taylorista (inspeção final), mais que os dos sistemas de controle total de qualidade difundidos dos anos 1960 para cá. Além do que os funcionários argentinos supõem que, pelo fato de "medirem" a qualidade (ou melhor, "o rendimento"), encontram-se à altura dos novos desafios produtivos que o fim do século impõe, seu método não se distingue do que as empresas já aplicavam na década de 1930 graças aos ensinamentos trazidos pelo *Statistic Quality Control* elaborado por W.A. Shewhart. Estes métodos são amplamente criticados pelas empresas modernas, tendendo-se a impor o que os japoneses chamam "jikoda" ou "controle autônomo"[44]. Vale ainda dizer que os burocratas de Mendoza se tornariam muito mais inovadores se, pelo menos, tivessem pretendido desenvolver o "jikoda educativo". Por sorte, ou por azar, não tiveram imaginação para tanto.

---

44. MONDEN, Y. Op. cit.

Por último, também é certo que em ambas as experiências não se devem descartar dois componentes que explicam algumas afirmações precipitadas e de insignificante valor analítico ou descritivo. Primeiro, a necessidade de agradar ao público empresarial. Segundo, a fascinação pela moda terminológica de tipo eficientista. Semelhante frivolidade converte estas experiências em verdadeiros dicionários de lugares comuns, frases rimbombantes e, em certo sentido, em autênticos glossários de messianismo pedagógico. Deve-se dizer que, ainda que os programas apresentados resumam esta obcecada transposição terminológica (mundo dos negócios – mundo pedagógico), se tais experiências fossem avaliadas por empresários medianamente sérios, tanto uma como a outra seriam consideradas defeituosas ao extremo. E o são (não somente por isso, claro).

Para além dos discursos: por que ocorre o que ocorre?

A esta altura, convém reconhecer que, assim como no mundo das mercancias, a preocupação com a qualidade da educação vem de longa data. E ainda que não se deva desmerecer o fato de que, nunca como agora, a qualidade gozou de tão considerado prestígio nestes espaços[45], não menos certo é que tais preocupações possuem uma história que excede amplamente a pretensão inovadora dos que professam sua fé nesta nova retórica. Nos âmbitos pedagógicos, "qualidade" nem sempre tem tido o mesmo significado, nem seu controle feito referência aos mesmos pro-

---

45. Esta problemática começou a difundir-se nos anos 1980 devido ao grande impacto que tiveram os relatórios *Nation at Risk* (1983) da National Comission on Excellence in Education e *Action for Excellence* (1983) da Education Commission of the States. Apesar de ambos os documentos refletirem a preocupante situação da educação nos Estados Unidos, eles começaram a ser considerados reflexo da situação mundial da educação. A partir da aparição destes relatórios, a sucessão de documentos e reuniões internacionais sobre a questão da qualidade na educação tem sido interminável. Entre os mais significativos deve-se mencionar a *Conferência Mundial sobre a Educação para Todos*, do Banco Mundial-FMI-Unesco, ocorrida em março de 1990 em Bangkok, e, no caso latino-americano, o recente relatório da Cepal-Unesco: *Educación y conoscimiento: eje de la transformación productiva con equidad*. Santiago do Chile: Nações Unidas, 1992.

cessos. Desta forma, os diferentes paradigmas de avaliação didática e as divergentes modalidades históricas de organização curricular; as teorias (dominantes ou não) acerca do trabalho dos professores; os estudos econômicos que, em suas mais variadas formas, abordam a problemática educacional, etc. sempre têm pressuposto um tipo específico de ideal de rendimento e – com ele – uma concepção – explícita ou implícita – de qualidade. Tal como afirma Mariano Fernández Enguita:

> Na linguagem dos experts, nas administrações escolares e nos organismos internacionais, o conceito de qualidade tem invocado sucessivas realidades distintas e mutantes. Inicialmente identificou-se tão somente com a dotação em recursos humanos e materiais dos sistemas escolares ou suas partes componentes: proporção do produto interno bruto ou do gasto público dedicada à educação, custo por aluno, número de alunos por professor, duração da formação ou nível salarial dos professores, etc. Este enfoque se identificava com a maneira que, ao menos na época florescente do Estado de Bem-estar, se tendia a medir a qualidade dos serviços públicos, supondo que mais custo ou mais recursos, materiais ou humanos, por usuário, era igual a maior qualidade. Mais tarde, o foco de atenção do conceito se deslocou dos recursos para a eficácia do processo: conseguir resultados máximos com o mínimo de custo. Esta já não era a lógica dos serviços públicos, mas sim a da produção empresarial privada. Hoje em dia, identifica-se melhor com os resultados obtidos pelos estudantes, qualquer que seja a forma de avaliá-los: taxa de retenção, taxa de promoção, formação universitária, comparações internacionais do rendimento escolar, etc. Esta é a lógica da competição no mercado[46].

Esta lógica – derivada da necessidade de ajustar a educação ao mercado – pressupõe a alegação de três premissas, que se

---

46. FERNÁNDEZ ENGUITA, M. *Juntos pero no revueltos* – Ensayos em torno de la reforma de la educación. Madri: Visor, 1990, p. 113-14.

têm imposto como o novo senso comum dominante a partir do qual se faz sempre referência aos processos educacionais:

a. que a educação (nas atuais condições) não responde às demandas e às exigências do mercado;

b. que a educação (em condições ideais de desenvolvimento) deve responder e ajustar-se a elas;

c. que certos instrumentos (científicos) de medição nos permitem indagar acerca do grau de ajuste educação-mercado e propor os mecanismos corretivos apropriados.

Estas premissas são subjacentes – de uma forma ou de outra – em todos os Programas de Qualidade projetados pelas administrações conservadoras da América Latina. A premissa "c" (que, como já indicamos, constitui o *leitmotiv* da experiência de Mendoza) remete à suposição de que é o caráter mensurável da qualidade o indicador que permite definir o *grau de eficiência* do sistema, sendo sua dimensão de valor o ajuste às demandas do mercado. A noção de *eficiência* – tomada aqui, sem nuances, do campo produtivo – remete a dois conceitos que estão associados: *competitividade e êxito*. Em outras palavras: um sistema educacional X é "eficiente" se é "competitivo" e se garante o alcance de uma série de "êxitos" de caráter mensurável. Quais são estes êxitos é uma pergunta que nem todos respondem da mesma maneira. É indiscutível que a própria noção de "êxito" também varia historicamente; como não podia deixar de ser, este elemento tende a gerar uma mudança de percepções acerca de quais são os meios mais apropriados para a medição destas competências. Daí que, como afirmam George Psacharopoulos e Maureen Woodhall,

> "[...] nos últimos anos tem-se progredido na medição e análise da eficiência interna, da relação entre insumos e produtos educacionais, e da eficiência em função dos custos da educação [do mesmo modo que] se tem progredido na medição de alguns aspectos relacionados com os produtos e qualidade da educação, e com a identificação de fatores que têm um impacto considerável nos êxitos"[47].

---

47. PSACHAROPOULOS, G. & WOODHALL, M. *Educación para el desarrollo* – Un análisis de opciones de inversión. Madri: Banco Mundial / Tecnos, 1986, p. 196.

Estas mudanças dependem – evidentemente – dos critérios impostos pelas agências internacionais, ainda que, menos significativamente, também exerçam influência nestes as modas, os estilos pedagógicos dominantes e as disputas endógenas próprias de todo campo científico. Seja como for, atualmente quase todos os leais seguidores desta retórica concordam em que as provas padronizadas para a medição de êxitos cognitivos aplicadas à população estudantil constituem um dos métodos mais confiáveis para o controle da qualidade da educação oferecida pelas escolas. Nesta concepção reducionista, é a partir da aplicação de tais instrumentos que se pode medir o grau de eficiência de uma instituição escolar e – consequentemente – do conjunto do sistema educacional.

A educação, restrita já explicitamente à condição de mercancia simbólica que habilita para a competição no mercado, se subordina deste modo à noção de "rentabilidade", pré-requisito básico que define a natureza de qualquer objeto produzido para o intercâmbio. Não se deve estranhar então que – no contexto de tais interpretações – toda referência à educação se tinja de um nada dissimulado valor mercantil, estabelecendo-se uma correlação direta entre este valor e a noção de qualidade, isto é, *a um maior valor mercantil, maior qualidade do "produto educação"*. Em outras palavras, quanto maior é a capacidade de intercâmbio que o "produto educação" possui no mercado, mais se faz merecedor do qualificativo "produto de qualidade". A partir da perspectiva desta nova retórica, somente é de qualidade aquele produto educativo que possui, como precondição, a capacidade de adaptar-se às demandas do mercado, atuando competitivamente neste. E – já o dissemos – no mercado somente se pode compreender a noção de "competitividade" quando ela está indissoluvelmente unida à de "rentabilidade".

Até aqui, nada distingue os critérios de qualidade no campo educacional do modo como estes se formulam no mundo empresarial:

adaptabilidade e ajuste ao mercado
competitividade
produtividade
rentabilidade
mensurabilidade

Duas objeções (pelo menos) poderiam ser formuladas a nossos comentários: primeiro, que forçamos excessivamente o uso e a transferência de certos termos econômicos ao campo pedagógico; segundo, que nada tem de mal tratar de adaptar a educação às exigências do mercado.

Com relação ao primeiro assunto, não é a nós que se deve acusar disto. Com efeito, se antes estávamos acostumados a usar o qualificativo "economicismo vulgar" para caracterizar a certos marxistas, hoje não devemos hesitar em utilizá-lo contra os produtores desta nova retórica.

Políticos, empresários, intelectuais e sindicalistas conservadores não hesitam em transformar qualquer debate sobre educação em um problema de "custos". Até os sacrossantos homens da fé cristã têm começado a se deixar seduzir pelo discurso do mercado, fundindo-o com seu favorito sermão da transcendência. A esta altura dos acontecimentos, ninguém duvida que temos de educar "para a cultura do trabalho"; o que, em bom português, quer dizer "educar para a cultura do mercado". Os termos "eficiência", "produtividade", "produto educativo", "rentabilidade", "custos da educação", "competição efetiva", "excelência", "soberania do consumidor", "cliente-aluno", etc. não são um produto alucinado de nossa exagerada crítica ao mundo dos negócios. Trata-se simplesmente do vocabulário que compartilham aqueles que professam sua fé nesta nova retórica.

Com relação a se a educação e o mercado devem encontrar pontos de interseção e cooperação, é uma evidência que, em nosso caso ao menos, não aspiramos a pôr em dúvida. Contudo, uma coisa é isto e outra muito diferente é a pretensão política que orienta a nova retórica da qualidade no campo educacional. Ou seja, *subordinar* a educação ao mercado, convertendo-a em mais um instrumento da complexa maquinaria de dualização e polarização social que caracteriza o projeto neoconservador.

> A insistência na "excelência" e na "qualidade" simboliza o passo de preocupar-se com a educação da maioria a fazê-lo com a educação da minoria. A ideia de "excelência" trata de mobilizar a competitividade entre as escolas e entre os alunos, organizando a educação como um campo de provas cujo objetivo principal é a seleção dos melhores. Buscar a excelência é buscar a estes, aos mais dotados, para tirá-los do suposto marasmo geral e colocar à sua disposição os melhores meios.

A ideia da busca da excelência parte, explícita ou implicitamente, da aceitação da imagem de uma sociedade dual. Para a maioria, para os que ocuparão os postos de baixa qualificação, sem espaço para a iniciativa nem capacidade de decisão, qualquer educação serve. Para a minoria, para os que se sobressaem – este é o significado do verbo *to excel* em inglês – para os que tomarão as decisões pelos demais, deve haver uma educação também "excelente". Teoricamente há primeiro que encontrá-los, mas, em realidade, se encontram sozinhos, pois já denominaram-se a si mesmos ou seus pais já o fizeram por eles[48].

A citação de Fernández Enguita permite-nos avançar nas razões que orientam o duplo processo de transposição citado no começo deste estudo. Evidentemente, o abandono dos discursos sobre a democratização da educação e, consequentemente, a lógica produtivo-eficientista que foram assumindo os discursos sobre qualidade neste campo não se reduzem a um simples mecanismo de substituição simbólico-discursivo. O que está em jogo não é uma simples disputa terminológica, ainda que ela exista como um dos cenários onde se definem os conflitos. O duplo processo de transposição que subjaz a esta nova retórica constitui o indicador de um processo cuja explicação se deve buscar nas práticas políticas e sociais concretas. E é a necessidade de impor uma lógica de subordinação mercantil na educação pública que explica semelhante armadilha discursiva. Somente neste contexto é possível compreender o discurso da qualidade como nova retórica conservadora no campo educacional.

Vamos nos deter agora na apresentação de um novo modelo que permite evidenciar a racionalidade política que orienta este processo. Reportemo-nos ao *Sistema de Medição da Qualidade do Ensino* (Simce), desenvolvido no quadro da profunda reforma educativa implementada pela ditadura militar chilena na década de 1980. Este Programa constitui um claro exemplo de como – para além dos discursos apologéticos – a retórica da qualidade se inscreve na ofensiva antidemocrática que os setores neoconservadores levam a cabo contra a escola pública e contra o direito à educação das maiorias.

---

48. FERNÁNDEZ ENGUITA, M. Op. cit., p. 109.

*Modelo 3: A qualidade em um processo de reforma estrutu-
ral (ou como obter a qualidade cobrando o direito
à educação)*

*Uma sociedade que coloca a igualdade – no senti-
do de igualdade de renda – à frente da liberdade,
terminará sem igualdade e liberdade. O emprego
da força para implantar a igualdade destruirá a
liberdade, e a força, adotada para boas finalidades, acabará nas mãos de pessoas que a usarão
para promover seus próprios interesses.*

*Por outro lado, a sociedade que coloca a liberda-
de em primeiro lugar acaba, como feliz subprodu-
to, com maior liberdade e maior igualdade.*

Milton Friedmann[49]

O *Sistema de Medição da Qualidade do Ensino (Simce)*
começou a ser aplicado no Chile a partir de 1988, último período da ditadura de Pinochet, constituindo um derivado da Prova
de Avaliação do Rendimento Escolar (PER) desenvolvida entre
1982 e 1984[50]. Um dos objetivos básicos deste Programa foi
"mobilizar uma série de ações e atitudes de parte dos agentes
descentralizados para melhorar a qualidade do ensino que oferecem os estabelecimentos, dando um ótimo aproveitamento dos
recursos humanos e materiais pertencentes ao sistema e promo-
vendo mudanças que, ao serem gerados nos próprios estabelecimentos e na sala de aula, podem ter um maior impacto que
ações dirigidas a partir da burocracia de nível central" [18]. Ou
seja: nada que nenhum cidadão bem intencionado desejaria para

---

49. FRIEDMAN, M. & FRIEDMAN, R., *Liberdade de escolher*. Rio de Janeiro: Record,
1980, p. 152.

50. Consideraremos aqui o informe de MATTE LARRAIN, P. & SAHCHO, A. *Forma-
ción de Recursos Humanos y crecimiento* – Las políticas de educación en Chile. Su reforma integral. 9ª Convenção de Bancos Privados Nacionais, Buenos Aires: ADEBA, 1993. Os números entre colchetes correspondem às páginas deste
documento.

o sistema educacional de seu país. As coisas, no entanto, não foram tão inocentes no Chile do terrorismo militar. Ambos os Programas (Simce e PER) inseriram-se no contexto mais amplo de uma profunda reforma educacional desenvolvida pela Ditadura chilena na década de 1980. Além de sua operatória e de seus objetivos gerais, tais Programas são somente compreensíveis em tal contexto. Esta reforma baseou-se em três aspectos básicos:

1. transferência das escolas pré-primárias e primárias para os municípios;

2. transferência das escolas técnicas de nível médio a entidades privadas sem fins lucrativos; e

3. criação de incentivos através de um subsídio pago pelo estudante, com o propósito de incentivar a criação de escolas particulares subsidiadas [5].

Medidas que – segundo a pretensão oficial – formaram parte de um "sistema de modernização" orientado pela necessidade de:

a. melhorar a qualidade da educação;

b. aumentar a cobertura do sistema;

c. estabelecer igualdade de oportunidades; e

d. incentivar a liberdade de ensino [4].

Nas palavras de P. Matte Larrain e A. Sancho:

> "A arquitetura global das reformas empreendidas pode-se resumir no estabelecimento de regras claras e objetivas, comuns para todos os que atuam na prestação de serviços à educação, incluindo muito especialmente um sistema de financiamento único baseado no número de alunos atendidos. Neste esquema, o setor público deve submeter-se às mesmas normas e regras de financiamento, administração, controle e supervisão que o setor privado, dando facilidades para o estabelecimento de uma competição efetiva que, pugnando pela atração de um número maior de crianças nas aulas, solucione os problemas de falta de cobertura e contribua para uma melhoria da qualidade da educação, medida através de sistemas objetivos e imparciais com parâmetros comuns" [3].

Os dois aspectos que se conjugavam neste esquema de reformas que tendia a garantir uma liberdade competitiva entre o setor público e o privado eram:

1. a existência de um Ministério da Educação sem escolas;

2. a existência de um sistema de "subsídios à demanda em função do serviço prestado [4].

Este último critério constituiu um dos aspectos mais relevantes da reforma:

> A ideia que subjaz por trás desta modalidade é a seguinte: o estabelecimento que ofereça um melhor serviço educacional consegue maior alunado; como o ingresso destes depende da quantidade de alunos que se consiga obter, o estabelecimento estará incentivado a maximizar sua qualidade. Todavia, por outro lado, todos os recursos com que conta o estabelecimento para financiar sua atividade são obtidos segundo os alunos captados; portanto ele deve equilibrar a busca da máxima qualidade com a minimização dos custos. Na medida em que o estabelecimento tenha êxito em otimizar a relação qualidade-custo, obtém o máximo de excedente e, então, está em condições de expandir seu raio de ação. Esta modalidade permite incentivar o crescimento da oferta de serviços educacionais e de sua qualidade através de todo o sistema [4].

Esta reforma estrutural no financiamento das instituições educacionais pressupunha – pelo menos – três medidas básicas:

1. equiparar as subvenções entre o ensino oficial e o ensino privado gratuito (com exceção dos gastos em alimentação e livros didáticos, que continuavam em mãos do Ministério da Educação).

2. incluir a educação municipalizada no tipo de subvenção antes restrita à rede privada gratuita, isto é, pagando por aluno atendido e alterando os critérios anteriores que estavam baseados em rubricas orçamentárias (água, luz, material escolar, salários, etc.);

3. pagar por aluno que estivesse de fato na escola e não com base na matrícula[51].

As subvenções por aluno, de igual montante para o estabelecimento municipal ou privado, foram estabelecidas, em primeiro lugar, com relação a uma unidade de cálculo específica: a Uni-

---

51. Instituto Herbert Levy. *Educação fundamental e competitividade empresarial –* Uma proposta para a ação do governo. Rio de Janeiro: IHL – Fundação Bradesco, 1992, p. 74.

dade Tributária Mensal (UTM). Devia-se para isto estimar um *"valor aluno"* que traduziria a subvenção *per capita* expressa em unidades tributárias mensais. Vejamos como realizou-se este cálculo tomando uma escola-tipo de 900 alunos:

Quadro 1

Estimativa do valor *per capita* da subvenção pública aos estabelecimentos municipais e privados gratuitos

Item	Pesos chilenos (dez./79)
a. Pessoal e salários	
Diretor	31.773
Vice-diretor	29.418
Supervisor Administrativo	27.241
Professores (1x45 alunos)	231.796
Auxiliar de Ensino	19.279
Auxiliares Gerais	33.217
Subtotal	399.965
Encargos Sociais (25%)	79.993
Água, luz, etc.	50.212
Custo total de operação	530.170
Custo mensal por aluno (1)	589
b. Investimentos e manutenção	
Custo da construção	16.316.640
Custo do mobiliário	890.081
Total de investimentos	17.026.721
(10% para manut. anual)	1.721.000
Custo mensal por aluno (2)	159
c. Subvensão mensal por aluno	
(1) + (2)	748

Fonte: Instituto Herbert Levy, 1992. Op. cit., p. 78.

O que significa este cálculo? Suponhamos um estabelecimento X com todos os níveis de ensino. Esta instituição receberia por aluno matriculado a seguinte percentagem de uma (1) UTM:

– nível pré-primário 0,46
– nível primário (primeira e segunda série) 0,46
– nível primário (terceira, quarta e quinta série) 0,52
– nível primário (sexta, sétima e oitava série) 0,56
– nível médio (diurno) 0,63
– nível médio (vespertino) 0,19
– nível médio / modalidade técnica (diurno) 0,37
– nível médio / modalidade técnica (vespertino) 0,19
– nível primário, adultos 0,16

Mais tarde, foi modificada a Lei de Subvenções (Decreto n. 3.476, de agosto de 1980), criando-se uma nova unidade chamada, precisamente, Unidade de Subvenção Educacional. Os valores correspondentes a esta nova unidade serão apresentados no quadro a seguir:

Quadro 2

Subvenção direta expressa em Unidades de Subvenção Educacional (USE), segundo o tipo de ensino.

Tipo de Ensino	USE por aluno
Educação pré-primária	0,909
Educação geral básica (1ª-6ª série)	1,000
Educação geral básica (7ª e 8ª série)	1,107
Educação geral básica adultos	0,316
Educação geral básica especial diferencial	1,000
Educação média diurna (1ª-4ª série)	1,245
Educação média vespertina e noturna adultos	0,375

Fonte: P. MATTE LORRAIN & SANCHO, A. Op. cit., p. 10.

Mas, já que se trata de dinheiro, sejamos mais precisos. A pergunta apropriada é então: *quanto vale um aluno chileno?* Se consideramos que, em valores de julho de 1993, cada USE era igual a US$ 14,50, o "preço" de um aluno seria:

	US$
– nível pré-primário	13,10
– nível primário (1ª série)	14,50
– nível primário (ensino diferencial)	14,50
– nível médio (diurno)	18,05
– nível primário, adultos	4,58
– nível médio (vespertino)	5,43

Ao leitor cabe tirar suas conclusões sobre que tipo de escola constitui um negócio mais rentável no Chile pós-ditatorial. Nossa observação não é exagerada. Simplesmente, reflete a implacável lógica que evidencia a "lista de preços" segundo a qual se cotizam as mercancias-alunos na perspectiva dos cínicos *Chicago boys* transandinos.

Apesar disto, a proposta chilena é objeto de admiração dentro e fora do país. Por exemplo, o documento *"Educação fundamental e competitividade empresarial. Uma proposta para a ação do governo"* afirma que

> [...] esta modificação na modalidade de financiamento representou a transformação mais profunda por que jamais passou a educação pública chilena. [O que] significou colocar as escolas particulares gratuitas em igualdade de condições financeiras com as escolas públicas, assentando-se deste modo uma base de competição mais saudável entre elas. [Deste modo] a descentralização da educação e o desenvolvimento do ensino privado produziram fortes melhorias no sistema educacional [79 e 84].

Vale destacar que este documento foi elaborado no Brasil por eminentes especialistas internacionais, alguns dos quais deixaram de apregoar a necessidade de democratizar os sistemas educacionais latino-americanos para difundir propostas de claro sentido dualizador como a realizada pela ditadura chilena. Entre os responsáveis pelo informe "Educação Fundamental e Competitividade Empresarial" estão: Cláudio de Moura Castro, João Batista Araújo (coordenadores), Guiomar Namo de Mello, Emílio Marques, Ernesto Schiefelbein e María Tereza Infante. Os dois últimos, relatores do capítulo "Chile" que, junto ao dedicado às reformas educativas da Inglaterra de Thatcher, constitui o modelo que o documento deve seguir para o projeto de "uma ação de governo moderna" no Brasil contemporâneo. Nossas considerações iniciais acerca dos intelectuais do campo educacional adquirem aqui completa atualidade.

Mas sigamos com alguns aspectos da reforma que caracteriza este terceiro modelo. Segundo os tecnocratas chilenos, em uma década os resultados desta reforma começaram a evidenciar-se:

> A cobertura da educação privada em termos de colégios particulares subvencionados aumentou significativamente a partir de 1980. Em 1991, esta cifra subia para 638.705 alunos, representando 31,9% do total da população atendida na educação básica; isto significou um aumento da participação privada com apoio estatal em relação ao ano de 1980, de 128%, visto que no primeiro ano representava 14%. O incremento do número de alunos atendidos pelo setor particular subvencionado alcança 108,6% entre 1980 e 1991, cifra que representa mais que a duplicação dos alunos que frequentam os colégios particulares gratuitos. Esta maior cobertura obtida pelos colégios particulares subvencionados estaria explicando, em parte, a evolução negativa experimentada pelos estabelecimentos fiscais-municipais, os que em 1991 atenderam um número de matrículas inferior em 30% com relação a 1980. [...]
>
> O setor privado subvencionado atendeu em 1991 a 40,9% do total de matrículas de ensino médio, enquanto os estabelecimentos municipais fizeram o mesmo com 50,9%, correspondendo a percentagem restante aos estabelecimentos privados pagos. A cifra correspondente ao setor privado subvencionado representa um importante aumento da participação com relação a 1980, na qual só contava com a atenção de 15,9% do alunado. É importante destacar que isto ocorre no contexto de um importante aumento do número de matrículas de ensino médio no país.
>
> O número de alunos atendidos pelo setor privado que recebe financiamento estatal – incluídas as corporações empresariais – aumentaram de um total de 85.981 alunos em 1980 para 281.339 alunos em 1991. Isto representa um aumento de 227% na cobertura do setor privado, isto é, mais que triplica a oferta de atenção en-

tregue pelo setor. Por outro lado, os estabelecimentos privados que cobram escolaridade a seus alunos aumentam sua cobertura de quase 50.000 alunos em 1980 para mais de 62.000 em 1991 [12 e 14].

Em suma, como afirmam idilicamente Matte Larrain e Sancho:

> O estabelecimento por parte do Estado de regras claras e não discriminatórias tem possibilitado um aumento da participação do setor privado em uma das funções primordiais da sociedade chilena, que é conseguir que todos tenham acesso à educação básica e que esta tenha uma qualidade cada vez maior, de forma tal a dar a todos possibilidades de integrar-se aos benefícios do desenvolvimento. O setor privado tem sido parceiro e agente importante na solução de um problema público da magnitude deste fato [1].

Tal como afirmamos, é neste quadro de profundas reformas que se devem compreender os Programas de Avaliação da Qualidade desenvolvidos no Chile ditatorial. A linha geral deste processo de mudanças, cuja continuidade se mantém no regime democrático-tutelado herdado da ditadura, complementa-se com as reformas curriculares de 1980 (educação básica) e 1981 (educação média). Agora, em que consistiu a operatória destes Programas? Basicamente, na aplicação de uma série de provas "cognitivas e da área afetiva (sic)" [15] à quase totalidade de alunos da 4ª e 8ª séries da educação básica. Nestas áreas "cognitivas", avaliaram-se as disciplinas de matemática e língua; nas de "caráter afetivo, a formação de hábitos e atitude social" [15]. As provas foram aplicadas em 1982, 1984, 1988, 1990 e 1992. Também neste caso, após uma década, os resultados foram evidentes. Eles mostraram – segundo o relatório em questão – "que continuam sendo mantidos três níveis de qualidade da educação: a mais baixa corresponde ao setor público; a intermediária aos estabelecimentos particulares subvencionados, vale dizer que são 'gratuitos' na sua maioria e que recebem financiamento estatal; e, em primeiro lugar, bem distante dos outros dois, os estabelecimentos particulares pagos que não recebem financiamento estatal" [17].

De qualquer forma, é importante destacar que, no caso chileno, o conjunto de medidas políticas que tende a "uma melhoria da qualidade do serviço educacional" não se restringiu à simples aplicação de uma série de provas avaliatórias de tipo padronizado. Fiéis aos ensinamentos de Milton Friedmann, os burocratas chilenos sabem que, sem o estabelecimento de mecanismos de "livre competição", desaparecem e se inibem as possibilidades de "livre escolha" que os indivíduos devem possuir no mercado. A partir desta perspectiva, o governo tem a função de estabelecer e garantir tal mecanismo de jogo competitivo, sem interferir no desenvolvimento normal do mesmo. No campo educacional, trata-se de um processo que pressupõe duas questões básicas: a "desnacionalização das escolas"[52] e a "liberalização e privatização do mercado escolar"[53]. No primeiro, é um objetivo de caráter eminentemente político que resultou – no caso chileno – da transferência e municipalização das escolas. O segundo constitui um objetivo eminentemente econômico garantido mediante o esquema citado de subsídios e pela aplicação, neste contexto, da *Lei de Financiamento Compartilhado* instituída em 1989. Nenhum destes burocratas que tão eficientemente serviram à ditadura de Pinochet poderia suspeitar seriamente que a qualidade se conquista com um simples exercício de medição de conhecimentos e atitudes morais (ainda que estas dimensões fossem também consideradas, segundo o indicado).

"Desnacionalização" e "privatização" constituem dois aspectos centrais para a definição da qualidade do serviço educacional a partir da ótica monetarista. No Chile contemporâneo, este último aspecto foi fundamental, entre outras coisas, por sua ousadia. Trata-se, na opinião dos autores considerados, de aceitar que *o direito à escolaridade deve ser cobrado*; o que pressupõe – operativamente – "que sejam as próprias famílias que

---

52. FRIEDMAN, M. *Capitalismo e liberdade*. São Paulo, 1985 [Série Os Economistas].

53. DI POL, R. Sante. "Educación, libertad y eficiencia en el pensamiento y en los programas del neoliberalismo". In: *Revista de Educación*, n. 283. Madri: MEC, 1987, p. 55.

forneçam os recursos e contribuam na medida do possível para financiar parte da educação de seus filhos que, diga-se de passagem, deverá ser de maior qualidade do que a que atualmente recebem". E acrescentam sem meios-termos: "isto, naturalmente, rompe a tradição existente no Chile de que a educação, e especialmente a educação básica, deve ser gratuita". A citada Lei de Financiamento Compartilhado permitiu aos estabelecimentos que, além da subvenção estatal por aluno, pudessem cobrar *"por conceito de escolaridade"*. Ainda que este instrumento tenha significado uma grande conquista para as pretensões privatizantes do poder político, Matte Larrain e Sancho se perguntam: "por que não permitir [também] a passagem dos estabelecimentos municipais ao setor privado?" [26]. Afinal de contas:

> "Em matéria de qualidade, o sistema privado tem demonstrado que, com a mesma verba que recebem os estabelecimentos estatais administrados descentralizadamente, tem sido capaz de entregar, em média, uma qualidade de ensino superior, elemento que fornece antecedentes acerca de qual seria a forma de melhorar a qualidade do sistema educacional, com margem para entregar-lhe maiores recursos" [25].

A reforma chilena não deixa de ser apresentada como o modelo a seguir por outras administrações políticas da região. De fato, as formulações mais sérias provenientes do mundo intelectual neoconservador e neoliberal apelam a ela com insistência. O já citado relatório *Educação fundamental e competitividade empresarial* (Brasil) e o rigoroso estudo *Descentralização da educação primária e média: uma proposta de reforma* (FIEL, Argentina) são duas claras manifestações disto. Também, e com alguns matizes, nesta linha inscreve-se o documento da Cepal-Unesco, *Educação e conhecimento: eixo da transformação produtiva com equidade*. O "modelo chileno" é o que melhor soube resolver, desta perspectiva, o problema da qualidade no campo educacional. Sua lógica foi implacável e bem-sucedida: *somente há qualidade quando o mercado opera em todo e qualquer espaço de ação pedagógica, em todo e qualquer nível de decisão política, em todo e qualquer dos infinitos fragmentos em que se transformou aquilo que, uma vez, chamou-se "escola pública".* As pretensões eficientistas fora destes parâmetros não têm saída, parecem afirmar os burocratas chilenos. O discurso da qualidade como nova retórica conservadora ganha, na reforma chilena, sua mais brutal materialização. A de uma sociedade dividida, a de uma sociedade dualizada. A de um país onde a modernização é um privilégio de poucos e onde a única coisa que se democratizou foi a miséria.

Nem todos os países da América Latina seguiram o mesmo ritmo que o experimentado pela vertiginosa e profunda reforma chilena. Argentina e Brasil, os casos especialmente citados, seguem o modelo cada um a sua maneira. O primeiro, com passo firme e decidido. O segundo, após o afastamento do Presidente Collor e atravessando uma cada vez mais intensa crise institucional, começa agora a esboçar certas reações isoladas de difícil caracterização. Collor de Mello representava, da mesma forma que Carlos Menem representa [sic] na Argentina, a vontade mais clara de avançar pelo caminho que conduz à miséria das maiorias e à riqueza das minorias satisfeitas, como as chama Galbraith. Expressão inevitável de um processo estrutural de dualização e polarização social cada vez mais insuperável. Enquanto na Argentina, país de forte tradição bipartidária, o recente acordo Menem-Alfonsín faz prever uma intensificação no sentido destas políticas, no Brasil, o crescimento das forças populares e de esquerda, especialmente o Partido dos Trabalhadores (PT), emitem um sinal alentador de mudanças e reformas progressistas no futuro. Este, no entanto, constitui outro assunto, que não cabe analisar aqui.

Para uma democratização radical da educação pública (ou quando a qualidade é um direito das maiorias)

> *"Dado que não pode existir quantidade sem qualidade (economia sem cultura, atividade prática sem inteligência, e vice-versa), qualquer contraposição dos termos é, racionalmente, um contrassenso. E realmente, quando se contrapõe a qualidade à quantidade, [...] o que em realidade se faz é contrapor certa qualidade a outra qualidade, certa quantidade a ou-*

tra quantidade, isto é, faz-se uma determinada política e não uma afirmação filosófica."

Antônio Gramsci[54]

"O mercado produz desigualdade tão naturalmente como os combustíveis fósseis produzem a poluição do ar."

Eric Hobsbawm[55]

"No presente a luta para dilatar a esfera pública, em todos os campos sociais, é uma luta concreta na dilatação das possibilidades, não suficientes, mas necessárias, de um salto qualitativo. O socialismo, como nos lembra Hobsbawm, ainda continua no programa. Não se trata de um utopismo, mas de uma radical necessidade para que o humano encontre o espaço efetivo de seu desenvolvimento pela eliminação de todas as formas de exclusão."

G. Frigotto[56]

Recapitulemos. Até aqui temos tentado mostrar como o discurso da *democratização*, que acompanhou a primeira etapa das transições pós-ditatoriais, foi progressivamente abandonado, sendo substituído pelo da *qualidade*. Também temos querido mostrar como este último foi assumindo os conteúdos que o mesmo possui no campo produtivo-empresarial. Para isto, temos caracterizado algumas dimensões de tal discurso indicando cinco aspectos centrais que o caracterizam. Logo, apresentamos

---

54. GRAMSCI, A. *El materialismo histórico y la filosofía de B. Croce.* Cuadernos de la Cárcel. Tomo 3. México: JP, 1975, p. 46.

55. HOBSBAWM, E. "Renascendo das cinzas". In: BLACKBURN, R. (org.) *Depois da queda* – O fracasso do comunismo e o futuro do socialismo. Rio de Janeiro: Paz e Terra, 1992, p. 264.

56. FRIGOTTO, G. *Trabalho e educação face à crise do capitalismo*: ajuste neoconservador e alternativa democrática. Rio de Janeiro: UFF, 1993, p. 221.

duas experiências que, mesmo sendo incompletas e imperfeitas (inclusive avaliadas a partir dos parâmetros da eficácia empresarial), expressam este mecanismo substitutivo. Por último, desenvolvemos alguns aspectos da reforma educacional chilena, experiência que melhor sintetiza a forma política em que tende a concretizar-se o discurso da qualidade como nova retórica conservadora no campo educacional.

A pior conclusão que se poderia tirar de nosso trabalho é que a qualidade não deve constituir, hoje, uma reivindicação a ser recuperada por aqueles setores que lutam pela defesa e pela transformação da educação pública. O significado da qualidade e, consequentemente, a definição dos instrumentos apropriados para avaliá-la, são espaços de poder e de conflito que não devem ser abandonados. Então, trata-se de *conquistar e impor um novo sentido* aos critérios de qualidade empregados no campo educacional por (neo)conservadores e (neo)liberais. *Devemos sustentar com decisão que não existe um critério universal de qualidade (ainda que os intelectuais reconvertidos assim o pretendam). Existem diversos critérios históricos que respondem a diversos critérios e intencionalidades políticas. Um é o que pretende impor os setores hegemônicos: o critério de qualidade como mecanismo de diferenciação e dualização social. Outro, o que devem conquistar os setores de esquerda: o da qualidade como fator indissoluvelmente unido a uma democratização radical da educação e a um fortalecimento progressivo da escola pública.*

Nosso desafio é duplo. Por um lado, trata-se de destruir e combater esta nova retórica que se expande de forma bastante envolvente, com a força implacável do senso comum dominante. Por outro lado, trata-se de construir um *novo sentido* que leve a qualidade da educação ao *status* de direito inalienável que corresponde à cidadania, sem nenhum tipo e restrição ou segmentação de caráter mercantil.

O desafio, com efeito, é complexo. Não se trata apenas de *melhorar o sentido da qualidade*, aproveitando a difusão e atenção que esta nova retórica está provocando na sociedade civil. De tal forma, e sem abdicar do valor estratégico de certo reformismo, *o discurso mercantilizado e mercantilizante da qualidade não é inocente com relação aos efeitos políticos que o geram*. Por isso é necessário destruí-lo, por isso é necessário "fazer política", como diria Gramsci.

Tal como temos feito ao longo deste trabalho, tratemos de esclarecer nossa posição mostrando alguns exemplos. Recorreremos novamente ao mundo dos negócios, já que, neste, a realidade de tal retórica se apresenta sem a rimbombância que tanto seduz os intelectuais reconvertidos do campo educacional.

Primeira observação: a nova retórica da qualidade supõe, indefectivelmente, critérios de diferenciação baseados no privilégio de poucos.

Segundo já foi mencionado, a obsessão pela qualidade que invade o campo produtivo explica-se, em parte, pela existência de um mercado cada vez mais diversificado e diferenciado. É a necessidade de desenvolver novas estratégias competitivas que permitam uma maior e melhor adaptabilidade a um mercado de tipo pós-fordista, o que explica esta insistência na qualidade. Sendo assim, *mercado diferenciado supõe sempre qualidade diferencial*. Sem este caráter diferencial não se pode compreender uma das razões fundamentais que explicam a qualidade no mundo empresarial. As novas estratégias competitivas, não por serem novas, deixam de levar em conta um dos atributos que caracterizam o mercado mundial: a constante diferenciação. Qualquer empresário que atua "competitivamente" sabe que é impossível homogeneizar – para cima – todo um mercado. Os dirigentes da Toyota, paradigma da organização empresarial de novo tipo, não pensam nem por um instante que qualquer cidadão do mundo tem *direito* a um automóvel por eles fabricado. Ainda que os encante a ideia, sabem que existe quem *pode e quer* comprar um Toyota com "zero defeito". Mas também sabem que existe quem quer um Toyota e *não o pode ter*. Esse deverá conformar-se com, por exemplo, um "Fusca" modelo 72; ou, simplesmente, deverá sentir-se satisfeito de locomover-se como faz a grande maioria da população: apertado dentro de um ônibus. Consumir mercadorias de qualidade não é um direito de ninguém, nem tem por que ser, neste tipo de sociedade que se chama de capitalismo. Na terminologia do moderno merca-do mundial, "qualidade" quer dizer "excelência" e "excelência", "privilégio", nunca "direito".

O que se evidencia nos modernos processos produtivos é que a qualidade está indissoluvelmente ligada à produção de pe-quenos lotes segundo certas demandas específicas. Nisto consis-tiu o caráter revolucionário do *just in time* japonês. A diferencia-ção do mercado chega a tal extremo que os poucos que podem consumir mercadorias de qualidade não querem, sequer, consu-mir sempre um padrão unificado e homogêneo de produtos. Eles exigem variedade, permanente atualização, inovação, criativida-de, bons serviços, etc. E os "outros", aqueles que não consomem mercadorias de qualidade? Partindo-se da interpretação domi-nante, estes se beneficiarão na medida em que, quanto mais con-suma a minoria, mais deverá produzir-se, o que gerará maior ri-queza acumulada e maior bem-estar social... Semelhante justifi-cativa não parece muito convincente[57].

Em suma: os que falam sobre "qualidade no mercado" refe-rem-se sempre à qualidade dos *"incluídos"* ou *"integrados"*, nunca à dos *"excluídos"* ou *"marginais"*. São estas as conse-quências políticas do discurso da qualidade como nova retórica conservadora no campo educacional. A experiência chilena não faz mais que reforçar as evidências dualizadoras deste processo.

Segunda observação: a nova retórica da qualidade, ao fun-dar-se em uma simples equação custo-benefício, pressupõe, indefectivelmente, a aceitação de cer-tos mecanismos de ineficiência estrutural impos-síveis de ser solucionados.

---

57. Esta argumentação em particular também é transferida ao campo educacional pelo que denominamos o "argumento apologético". Cf. GENTILI, P. "Geografia del be-neficio y monopolio del conocimiento en la Tercera Revolución Industrial". In: ACEVEDO, M. (org.). *Assuntos de economía y ciencias sociales:* estado-tecnolo-gía. Buenos Aires: Ediciones de la Universidad, 1993, e GENTILI, P. *Robin Hood, el mercado y otros cuentos de hadas:* concentración econômica y monopolio del conocimiento. Rio de Janeiro: Daad, 1993.

Este aspecto é particularmente importante, já que permite desmascarar alguns dos mais prezados fetiches do discurso da qualidade: *a eficiência*. Com efeito, já fizemos referência ao fato de que, no mundo empresarial, a qualidade remete a um problema de custos. Assim mesmo, afirmamos que o custo total da qualidade é o resultado da soma dos custos de eficiência e os de ineficiência. Ainda que qualquer empresário pretenda eliminar estes últimos, a obtenção de "zero defeito" nunca pode transformar determinada mercadoria em um produto pouco competitivo. Ou seja, existem certos custos de ineficiência que os empresários devem suportar, já que o fato de solucioná-los pode "puxar" para cima o preço deste produto para além dos valores aceitos pelo mercado. Já manifestamos também que esta análise custo-benefício não constitui um novo problema no mundo dos negócios. O exemplo das examinadoras de peças permitia a F.W. Taylor realizar, já há várias décadas, as reservas do caso.

Sendo assim, quando o mercado em questão não é outro senão o "mercado educacional" e quando a mercadoria não é outra senão a "educação", semelhante esquema analítico resulta em consequências claramente previsíveis. A isto se soma a já difundida aceitação de que nossos estados se encontram quebrados financeiramente e, consequentemente, não existem recursos para satisfazer a cada vez mais intensa expansão do sistema. Ou seja, há um certo custo de eficiência que só pode ser pago pelas famílias, pelas verbas das empresas privadas ou por aqueles pertencentes a uma instituição "filantrópica". É o velho modelo do "efeito Mateo" em sua versão conservadora: os que mais têm, mais terão, e os que menos têm, menos terão.

Ainda que os apologistas neoconservadores e neoliberais insistam em falar de "eficiência", "produtividade" e "excelência", estes nunca passam de termos que cobram brutal materialidade em um elementar jogo de somas e subtrações, onde certo "desperdício" (*scrap*) deve ser aceito se o que se pretende é ser competitivo. E já se sabe que só os melhores competem.

Por último, digamos que as habituais críticas acerca de que esta nova retórica é antidemocrática só porque avalia "produtos" e não "processos" parece uma explicação extremamente frágil para ser sustentada com rigor. Com efeito, já vimos como os novos modelos de controle de qualidade (autocontrole ou *"jikoda"*) reconhecem a importância da análise processual. Desta forma, é previsível que, a médio prazo, vejamos desenvolverem-se esquemas de avaliação com estas características no campo educacional, mantendo-se intactos os efeitos políticos que permitem explicar a retórica em questão.

As observações acima ilustram o caráter dualizador que subjaz nestes discursos de pretensões modernizantes. Uma saída democrática ao desafio da qualidade não pode constituir, então, uma simples maquiagem destes fatores, mas sim ser uma radical transformação dos mesmos.

Um *novo discurso da qualidade* deve inserir-se na democratização radical do direito à educação. Isto supõe que, em uma sociedade plenamente democrática, não pode existir contradição entre o acesso à escola e o tipo de serviço por ela proporcionado. Assim como não há democratização sem igualdade no acesso, tampouco haverá sem igualdade na qualidade recebida por todos os cidadãos e sem a abolição definitiva de qualquer tipo de diferenciação ou segmentação social. Claro que isto não supõe "baixar o nível de todos". Supõe, pelo contrário, "elevá-lo", transformando a qualidade em um direito e não em uma mercadoria vendida ao que der a melhor oferta. A escola pública é o espaço onde se exercita este direito, não o mercado.

Formulemos, então, três conclusões básicas, a partir das quais é possível avançar em nossa luta contra esta nova retórica:

Primeira: 'qualidade' para poucos não é 'qualidade', é privilégio."

Segunda: "a 'qualidade', reduzida a um simples elemento de negociação, a um objeto de compra e venda no mercado, assume a fisionomia e o caráter que define qualquer mercadoria: seu acesso diferenciado e sua distribuição seletiva."

Terceira: "em uma sociedade democrática e moderna, a qualidade da educação é um direito inalienável de todos os cidadãos, sem distinção."

Não existe "qualidade" com dualização social. Não existe "qualidade" possível quando se discrimina, quando as maiorias são submetidas à miséria e condenadas à marginalidade, quando se nega o direito à cidadania a mais de dois terços da população. Reiteramos enfaticamente: "'qualidade' para poucos não é 'qualidade', é privilégio". Nosso desafio é outro: consiste em construir uma sociedade onde os "excluídos" tenham espaço, onde possam fazer-se ouvir, onde possam gozar do direito a uma educação radicalmente democrática. Em suma, uma sociedade onde o discurso da qualidade como retórica conservadora seja apenas uma lembrança deplorável da barbárie que significa negar às maiorias seus direitos*.

---

* *Tradução: Vânia Paganini Thurler.*

CAPÍTULO 5

O que os pós-modernistas
esquecem: capital cultural
e conhecimento oficial

Michael W. Apple

Todas as pessoas olharam atônitas para a chefe do departamento. Ninguém podia acreditar. Logo a sala estava repleta de uma mistura caótica de sons de raiva e descrença. Não era a primeira vez que ela nos informava sobre o que estava "vindo de cima". Coisas similares tinham ocorrido antes. Afinal, esta era apenas mais uma pedra que estava sendo removida. Contudo, para cada um/a de nós naquela sala estava claro daquele momento em diante que apesar de todas as nossas lutas para evitar que a educação fosse totalmente integrada ao projeto direitista de competitividade e racionalização econômica, nós estávamos perdendo.

Foi difícil fazer a reunião voltar à ordem. Mas, lentamente, conseguimos controlar nossas emoções o tempo suficiente para ouvir o que o Departamento de Educação Pública e o Legislativo tinham determinado ser o melhor para os/as estudantes de Wisconsin – do jardim de infância à universidade. A partir do próximo ano, todos/as os/as estudantes de graduação que quiserem tornar-se professores/as terão que cursar "Educação para o Emprego", que consiste, em essência, num curso sobre as "vantagens do sistema da livre-empresa". Ao mesmo tempo, todos os currículos escolares nos níveis elementar e secundário – atingindo crianças de cinco anos para cima – também terão que incluir em seu ensino um programa coerente de educação para o emprego. Afinal, nunca é muito cedo para começar, não é verdade? Afinal de contas, a educação não passa de um fornecedor de "capital humano" para o setor privado.

Começo com essa história porque penso que muitas vezes é melhor começar com nossas emoções, começar com nossas experiências como professores/as e estudantes nesta era de conservadorismo. Também começo assim porque, embora haja uma nova administração em Washington que pode limitar alguns dos excessos da agenda social direitista, os termos do debate, as condições econômicas e sociais existentes foram consideravelmente transformados na direção conservadora (APPLE, 1993). Não devemos ter uma visão romântica sobre o que acontecerá com nossas escolas e universidades, especialmente se consideramos a crise fiscal do Estado e a aceitação de aspectos centrais da agenda social e econômica conservadora dentro de ambos os partidos políticos. A história que contei acima pode servir como uma metáfora para aquilo que está acontecendo em grande parte da vida educacional nas universidades e outros locais.

Deixem-me situar essa história no interior das transformações mais amplas na educação e na sociedade empreendidas pela aliança conservadora.

Entre o neoconservadorismo e o neoliberalismo

O conservadorismo por seu próprio nome anuncia uma interpretação de sua agenda. Ele conserva. Outras interpretações são, naturalmente, possíveis. Podemos dizer, de forma algo mais irônica, que o conservadorismo acredita que nada pode ser feito pela primeira vez (HONDERICH, 1990: 1). Entretanto, sob muitos aspectos, na situação atual, isso pode ser enganador. Pois, com a ascensão da direita em muitos países, estamos testemunhando um projeto muito mais ativo. A política conservadora agora é muito mais uma política de modificação. Nem sempre isso acontece, mas claramente a ideia contida na frase "não faça nada pela primeira vez" não constitui uma explicação suficiente daquilo que está ocorrendo seja na educação seja em outros espaços (HONDERICH, 1990: 4).

O conservadorismo, na verdade, tem significado diferentes coisas em diferentes épocas e em diferentes lugares. Às vezes, envolve mesmo ações defensivas; outras vezes, envolve tomar a iniciativa contra o *status quo* (HONDERICH, 1990: 15). Estamos testemunhando hoje ambas as coisas.

Por causa disso, é importante descrever o contexto mais amplo no qual funciona a política atual do conhecimento oficial. Tem havido uma ruptura no acordo que orientou boa parte da política educacional desde a Segunda Guerra Mundial. Grupos poderosos no governo, na economia e nos movimentos sociais "populistas autoritários" têm sido capazes de redefinir – muitas vezes de forma regressiva – os termos do debate na educação, no bem-estar e em outras áreas do bem comum. Os objetivos da educação estão sendo transformados (APPLE, 1993). A educação não é mais vista como parte de uma aliança social que combinava muitos grupos da "minoria"[1], de mulheres, professores/as, ativistas comunitários, legisladores/as e dirigentes progressistas e outros grupos que atuavam juntos para propor políticas democráticas sociais (limitadas) para as escolas (p. ex., expansão das oportunidades educacionais, tentativas limitadas de equalização dos resultados escolares, desenvolvimento de programas especiais em educação bilíngue e multicultural, e assim por diante). Formou-se uma nova aliança, uma aliança que tem poder cada vez maior na formulação de políticas sociais e educacionais. Este bloco de poder é constituído por uma combinação de empresários com a Nova Direita e com intelectuais neoconservadores. Seus interesses não estão em aumentar as chances das mulheres, das pessoas não brancas, dos trabalhadores (esses grupos não são, naturalmente, mutuamente exclusivos); seu objetivo é fornecer as condições educacionais que acreditam ser necessárias tanto para aumentar a competitividade internacional, o lucro e a disciplina quanto para nos fazer retornar a um passado romantizado do lar, da família e da escola "ideais" (APPLE, 1993). Não é preciso controlar a Casa Branca para que essa agenda continue a ter um grande efeito.

O poder dessa aliança pode ser visto numa série de políticas e propostas educacionais não apenas na universidade, mas também na educação em geral. (Na verdade, é essencial que vejamos esse quadro mais amplo. Sem ele, não poderemos compreender o que está acontecendo nas instituições de educação superior.)

---

1. Coloco a palavra "minoria" entre aspas para nos fazer lembrar que a grande maioria da população do mundo é constituída por pessoas não brancas. Seria extremamente saudável para nossas ideias sobre cultura e educação se nos lembrássemos constantemente disso.

Essas incluem: 1) programas de "escolha" tais como planos de bônus (*voucher*) e créditos fiscais para fazer com que as escolas funcionem inteiramente como a idealizada economia de livre mercado; 2) o movimento nos níveis nacionais e estaduais em todo o país para "levantar o padrão" e implantar programas baseados na "competência" tanto docente quanto discente, além da introdução de objetivos e conhecimentos curriculares básicos, através da implementação de programas nacionais e estaduais de testes; 3) os ataques cada vez mais efetivos contra o currículo escolar por seu "viés" antifamília e antilivre-empresa, seu humanismo secular, sua falta de patriotismo e sua suposta negligência do conhecimento e valores da "tradição ocidental" e do "conhecimento real"; e 4) a crescente pressão para fazer com que as necessidades do comércio e da indústria se tornem os objetivos primários da educação em todos os níveis (APPLE,1988, 1993; APPLE). Os efeitos de tudo isso – as guerras culturais, o tamanho da crise fiscal em educação, os ataques à "correção política" e assim por diante – estão sendo dolorosamente sentidos também na universidade.

Em essência, a nova aliança em favor da restauração conservadora tem incorporado a educação a um conjunto mais amplo de compromissos ideológicos. Os objetivos na educação são os mesmos que servem como guia para seus objetivos econômicos e de bem-estar social. Esses incluem a expansão do "mercado livre", a drástica redução da responsabilidade governamental pelas necessidades sociais, o reforço das estruturas intensamente competitivas de mobilidade, o rebaixamento das expectativas das pessoas em termos de segurança econômica e a popularização de uma clara forma de pensamento darwinista social (BASTIAN, FRUCHTER, GITTELL & HASKINS, 1986).

Como argumentei de forma mais extensa em outro local, a direita política nos Estados Unidos tem sido bastante bem-sucedida em mobilizar o apoio contra o sistema educacional e seus empregados, muitas vezes exportando a crise na economia para as escolas. Assim, uma de suas principais realizações tem sido transferir a culpa pelo desemprego e pelo subemprego, pela perda de competitividade econômica e pelo suposto abandono de valores e padrões "tradicionais" na família, na educação e nos locais remunerados e não remunerados de trabalho, localizando-a não nos efeitos e políticas econômicas, culturais e sociais dos grupos dominantes, mas na escola e em outras instituições públicas. O "público" agora é o centro de todo mal; o "privado" é o centro de tudo que é bom (APPLE, 1985).

Em essência, pois, quatro tendências têm caracterizado a restauração conservadora tanto nos Estados Unidos quanto na Grã-Bretanha – privatização, centralização, vocacionalização e diferenciação (GREEN, 1991, p. 27). Elas constituem, na verdade, o resultado de diferenças no interior das alas mais poderosas dessa tensa aliança – neoliberalismo e neoconservadorismo.

A visão do neoliberalismo é a de um Estado fraco. Uma sociedade que deixa a "mão invisível" do livre mercado guiar todos os aspectos de suas formas de interação social é vista ao mesmo tempo como eficiente e democrática. Por outro lado, o neoconservadorismo é guiado por uma visão do Estado forte em certas áreas, especialmente em relação às políticas do corpo e das relações de gênero e raça, aos padrões, valores e condutas e em relação a qual conhecimento deve ser transmitido às futuras gerações (HUNTER, 1988)[2]. Embora essas caracterizações não passem de tipos ideais, essas duas posições não são exatamente convergentes no interior da coalizão conservadora.

Assim, o movimento direitista é contraditório. Não existe algo de paradoxal em ligar todos os sentimentos de perda e de nostalgia à imprevisibilidade do mercado, "em substituir a perda pelo puro fluxo"? (JOHNSON, 1991: 40).

Nos níveis elementar e secundário da escola, as contradições entre os elementos neoconservadores e os neoliberais na coalização direitista são "resolvidos" através da política que Roger Dale chamou de modernização conservadora (DALE, citado em EDWARDS, GEWIRTZ & WHITTY, 1992: 156). Essa política está empenhada em:

---

2. O neoliberalismo não ignora a ideia de um Estado forte, mas quer limitá-lo a áreas específicas (por ex., defesa de mercados).

simultaneamente "libertar" os indivíduos dos propósitos econômicos e em controlá-los para propósitos sociais. De fato, na medida em que a "liberdade" econômica aumentar as desigualdades, é provável que aumente também a necessidade de controle social. Um "Estado forte, pequeno" limita a gama de suas atividades ao transferir para o mercado, o qual defende e legitima, tantas atividades de bem-estar social (e outras atividades) quantas forem possíveis. Na educação, a reorganização em torno da competição e da escolha não é completamente generalizada; em vez disso, "o que se quer é um sistema dual, polarizado entre... escolas de mercado e escolas mínimas" (DALE, *apud* EDWARDS, GEWIRTZ & WHITTY, 1992: 156-157).

Isto é, haverá um setor relativamente menos regulado e cada vez mais privatizado para os filhos dos mais ricos. Para o resto – e o *status* econômico e a composição racial das pessoas que freqüentarem essas escolas mínimas serão inteiramente previsíveis – as escolas serão rigidamente controladas e policiadas e continuarão a ser subfinanciadas e tendo pouca relação com empregos remunerados decentes.

Um dos principais efeitos da combinação de mercantilização e Estado forte é "afastar as políticas educacionais do debate público". Isto é, a escolha é deixada por conta de pais individuais e a "mão invisível das consequências involuntárias fará o resto". Nesse processo, a própria ideia de educação como sendo parte de uma esfera política pública na qual seus meios e fins são publicamente debatidos fica atrofiada (*Education Group II*, 1991: 268).

Essas são as principais diferenças entre as tentativas democráticas para reforçar os direitos das pessoas em relação às políticas e práticas da escolarização e a ênfase neoliberal na mercantilização e privatização. O objetivo das primeiras é ampliar a política, "revivificar a prática democrática através da criação de formas para aumentar as discussões públicas, o debate e a negociação". Elas estão baseadas de forma inerente numa visão da democracia como uma prática educativa. A visão neoliberal, por outro lado, procura conter a política. Ela deseja reduzir toda a política à economia, a uma ética da "escolha" e do "consumo" (JOHNSON, 1991: 68). O mundo, em essência, torna-se um vasto supermercado (APPLE, 1993).

Ampliar o setor privado de forma que comprar e vender – numa palavra, a competição – seja a ética dominante da sociedade envolve um conjunto de proposições estreitamente relacionadas. Ela supõe que mais indivíduos sejam motivados a trabalhar mais duro sob essas condições. Afinal, nós "já sabemos" que os servidores públicos são ineficientes e indolentes, enquanto os empreendimentos privados são eficientes e produtivos. Ela supõe que o autointeresse e a competitividade sejam as máquinas propulsoras da criatividade. Segundo essa visão, cria-se mais conhecimento e utiliza-se mais experimentação, alterando-se, como resultado, a situação presente. Nesse processo, cria-se menos desperdício. Oferta e demanda permanecem numa espécie de equilíbrio. Ainda de acordo com essa visão, uma máquina mais eficiente é assim criada, uma máquina que minimiza os custos administrativos e, em última análise, distribui os recursos mais amplamente (HONDERICH, 1990: 104).

Naturalmente, diz-se que não se quer simplesmente privilegiar apenas uns poucos. Entretanto, isso é o equivalente de dizer que todos têm o direito de escalar o lado norte do Eiger ou o Monte Everest, sem exceção, sendo necessário, naturalmente, ser muito bom em escalar montanhas e ter os recursos institucionais e financeiros para fazê-lo (HONDERICH, 1990: 99-100).

Assim, numa sociedade conservadora, o acesso aos recursos privados (e, lembremo-nos, a tentativa é tornar privados quase todos os recursos da sociedade) é amplamente dependente da capacidade que se tem de pagar por isso. E para isso é preciso ser uma pessoa do tipo empreendedor ou da classe eficientemente aquisitiva. Por outro lado, os recursos públicos da sociedade (um segmento em rápido declínio) dependem da necessidade (HONDERICH, 1990: 89). Numa sociedade conservadora, os primeiros devem ser maximizados, os últimos minimizados.

Entretanto, a maior parte das formas de conservadorismo não dependem meramente, em grande parte, de uma visão particular de natureza humana – uma visão da natureza humana como sendo primariamente guiada pelo autointeresse. Elas vão além: elas tentam degradar aquela natureza humana, forçar todas as pessoas a se conformar àquilo que inicialmente pode apenas pretender ser verdadeiro. Infelizmente, elas têm sido mais que bem-sucedidas. Talvez, cegados por sua própria visão absolutista e reducionista do que significa ser humano, muitos de nossos "líderes" políticos não parecem ser capazes de reconhecer o que eles fizeram. Eles buscaram degradar, de forma agressiva, o caráter de um povo (HONDERICH, 1990: 81), atacando ao mesmo tempo os pobres e os desprotegidos por sua suposta falta de valores e caráter.

Mas começo a fazer digressões e minha raiva começa a se mostrar. Espero que me perdoem; mas se não podemos nos permitir nos indignar sobre as vidas de nossas crianças, sobre que mais podemos nos indignar?

O que os pós-modernistas esquecem

Elementos importantes da agenda neoconservadora e especialmente da agenda liberal estão cada vez mais dominando a universidade. A crescente polarização de classe e raça que determina a quais universidades os estudantes têm acesso (ou não têm acesso), os cortes nos financiamentos a programas "improdutivos" (uma metáfora verdadeiramente reveladora), humanísticos e/ou criticamente orientados, a crescente pressão em favor da "eficiência" e de padrões mais altos, os apelos a um retorno a uma "cultura comum" e, acima de tudo, a crescente integração do ensino, da pesquisa e do financiamento uiversitários e muitas de suas outras funções ao projeto industrial e empresarial – tudo isso e muito mais é indicativo dos efeitos de ambas as versões de reestruturação de nossas vidas cotidianas.

Infelizmente, elementos importantes dessa reestruturação não figuram, praticamente, na agenda de discussões de alguns dos grupos das comunidades críticas e "progressistas" dentro da própria universidade. Podemos ver isso especialmente se examinamos o tipo de conhecimento que cada vez mais ganha o *imprimatur* oficial da instituição.

Enquanto o conflito em relação às formas pós-modernas e pós-estruturais continua a arder – em parte por causa de algumas das declarações exageradas feitas por aqueles que são afetuosamente chamados por alguns de meus colegas como "poseiros" (*posties*) assim como por causa dos ataques agressivos por parte de movimentos associados com a restauração conservadora (APPLE, 1993) – tem-se dado muito pouca ênfase à economia política de qual conhecimento é considerado como sendo de alto *status* nesta sociedade e em sociedades similares. Assim, enquanto as humanidades e as ciências sociais estão engajadas em brilhantes "batalhas" (por favor, perdoem-me o tom masculinista e militarista da expressão; a palavra não é minha) retóricas e culturais sobre o que conta como forma "apropriada" de conhecimento e o que conta como forma de ensinar e conhecer (as "guerras culturais"), aquilo que é conhecido no senso comum como as ciências e a tecnologia – aquilo que chamei (seguindo uma pista dada por Walter Feinberg) de conhecimento técnico/administrativo – está recebendo cada vez mais ênfase em todos os níveis em termos de tempo no currículo, financiamento, prestígio, apoio por parte dos aparatos do Estado (APPLE, 1985) e de uma nova administração em Washington que está comprometida com o conhecimento técnico e com soluções técnicas.

O que quero dizer aqui é ainda muito provisório, mas responde a algumas das minhas intuições de que uma boa parte da conversa sobre qual forma de análise textual é a melhor ou mesmo se devemos ver o mundo como um texto, como discursivamente construído, por exemplo, está ao menos em parte mal colocada e que "nós" podemos estar perdendo alguns dos mais importantes *insights* produzidos pela tradição neomarxista em educação e em outros campos da teoria social.

Espero não ser visto como um stalinoide empedernido (afinal, gastei boa parte de minha vida escrevendo e falando contra as tendências reducionistas dentro das tradições marxistas). Simplesmente quero lembrar as compreensões absolutamente essenciais – mas não essencialistas – das conexões (reconhecidamente muito complexas) entre qual conhecimento é considerado como sendo de alto *status* e algumas das relações de poder que precisamos considerar, mas que parecem ter sido esquecidas um tanto apressadamente. Não me refiro apenas às relações de poder na universidade, mas também às cruciais e emergentes transformações que estão ocorrendo nas escolas elementares e secundárias que educam (ou não educam) os estudantes que em última instância vão (ou não vão) para as instituições de ensino superior.

O crescimento das múltiplas posições associadas com o pós-modernismo e o pós-estruturalismo é indicativo da transformação de nosso discurso e de nossas compreensões da relação entre cultura e poder. As rejeições da confortadora ilusão de que possa haver (e deva haver) uma grande narrativa sob a qual todas as relações de dominação podem ser abarcadas, o foco no "nível micro" como um local do político, a iluminação da absoluta complexidade do nexo poder-conhecimento, a ampliação de nossas preocupações políticas para bem além da "santa trindade" da classe, do gênero e da raça, a ideia de um sujeito descentrado no qual a identidade é tanto não fixa quanto um local de luta política, o foco na política e na prática do consumo e não apenas na produção – tudo isso tem sido importante, embora não totalmente sem seus problemas, para dizer o mínimo (CLARKE, 1991; BEST & KELLNER, 1991).

Com o crescimento da literatura pós-moderna e pós-estrutural nos estudos culturais e educacionais críticos, entretanto, tendemos a nos afastar muito apressadamente de tradições que continuam a ser repletas de vitalidade e a fornecer *insights* essenciais sobre a natureza do currículo e da pedagogia que dominam as escolas em todos os níveis. Assim, por exemplo, o simples fato de que a classe não explica tudo não pode ser usado como uma excusa para negar seu poder. Este seria um sério erro. A classe é, naturalmente, um construto analítico assim como um conjunto de relações que têm existência fora de nossas mentes. Assim, aquilo que queremos significar com o termo "classe", bem como a forma como ela é mobilizada como uma categoria, precisam ser continuamente desconstruídos e repensados. Desta forma, devemos ser muito cuidadosos sobre quando e como é usado, com o devido reconhecimento das múltiplas formas pelas quais as pessoas são formadas. Mesmo reconhecendo isso, entretanto, seria errado supor que o fato de que muitas pessoas não se identificam ou não agem de acordo com o que se poderia esperar das teorias que ligam identidade e ideologia com sua posição de classe significa que a classe tenha acabado (APPLE, 1992).

O mesmo deve ser dito a respeito da economia. O capitalismo pode estar sendo transformado, mas ele ainda existe como uma maciça força estruturadora. Muitas pessoas podem não pensar e agir de acordo com as formas preditas por teorias essencializadoras de classe, mas isto não significa que as divisões raciais, sexuais e de classe do trabalho remunerado e do trabalho não remunerado tenham desaparecido; como também não significa que as relações de produção (tanto econômicas quanto culturais, uma vez que a forma como pensamos sobre essas duas podem ser diferentes) possam ser ignoradas se o fazemos de forma não essencializadora (APPLE, 1992).

Digo isso por causa dos riscos reais que existem atualmente nos estudos educacionais críticos. Um deles é a nossa perda de memória coletiva. Embora haja atualmente uma grande e necessária vitalidade no "nível" da teoria, uma porção considerável da pesquisa crítica tem sido muitas vezes apenas uma questão de moda. Ela movimenta-se rapidamente de teoria para teoria, muitas vezes aparentemente supondo que quanto mais difícil alguma coisa é de se entender ou quanto mais se apoia em teorias culturais europeias (de preferência francesas) melhor ela é. A rapidez de seu movimento e sua utilização parcial por parte de uma fração ascendente da nova classe média no interior da academia – tão preocupada em mobilizar seus recursos culturais no interior das hierarquias de *status* da universidade, tendo muitas vezes mantido conexões apenas retóricas com as múltiplas lutas contra a dominação e a subordinação na universidade e outros locais – têm como um de seus efeitos a negação de ganhos que foram feitos em outras tradições ou a estratégia de apresentá-los sob uma nova roupagem (APPLE, 1992). Ou pode na realidade estar efetuando uma regressão, tal como ocorre, por exemplo, na reapropriação de Foucault como apenas mais um teórico (um pouco mais elegante) do controle social, um conceito desacreditado e a-histórico que nega o poder dos movimentos sociais e dos agentes históricos.

O que me preocupa aqui é tanto o poder dos movimentos sociais conservadores quanto a crise estrutural na qual eles estão inseridos. Em nossa corrida em direção ao pós-estruturalismo, podemos esquecer quão poderosas são as dinâmicas estruturais das quais participamos. Em reconhecimento disso, quero focalizar algumas das dinâmicas do conhecimento na universidade, especialmente na contínua reconstrução do papel da universidade em direção às complexas e contraditórias "necessidades" econômicas e culturais da racionalização econômica, da competitividade nacional e internacional e das agendas que lhe estão associadas. A fim de avançar, precisamos pensar sobre o processo de mercantilização, especialmente sobre as formas pelas quais o conhecimento e as instituições são reificadas de modo que elas possam ser empregadas para extrair mais-valia. Estranhamente, também eu tenho que mercantilizar o conhecimento a fim de compreender como ele se encaixa no fluxo do capital.

A economia política do capital cultural

O que eu proponho aqui é algo arriscado. Gastamos anos tentado desreificar o conhecimento, tentando mostrá-lo tanto como um processo de construção de significado quanto como a corporificação de construções passadas. Ao tratar o conhecimento uma vez mais como uma coisa arriscamo-nos a perder aqueles ganhos. Esse passo, entretanto, é essencial se quisermos entender as contínuas transformações que estão ocorrendo na educação superior. Ao formular essa ideia, preciso recapitular uma série de argumentos que fiz em *Educação e poder* (APPLE, 1989).

Gostaria que pensássemos no conhecimento como uma forma de capital. Da mesma forma que as instituições econômicas são organizadas (e algumas vezes desorganizadas) de modo que classes e frações de classes particulares aumentem sua quota de capital econômico, assim também instituições culturais tais como as universidades parecem fazer a mesma coisa. Elas jogam um papel fundamental na acumulação de capital cultural.

Estou utilizando a ideia de capital cultural de uma forma particular, uma forma que é diferente da de Bourdieu. Para Bourdieu, o estilo, a linguagem, as disposições culturais e mesmo os corpos – o *hexus* e o *habitus* – dos grupos dominantes constituem o capital cultural no qual – através de um complexo processo de estratégias de conversão – se investe, de forma a preservar sua dominação. Assim, os estudantes dos grupos dominantes (e para Bourdieu esses estão centrados em geral em torno da classe) levam vantagem por causa de sua "posse" desse capital cultural (BOURDIEU, 1977; BOURDIEU, 1984).

Existe alguma força nessa concepção de capital cultural. Ela supõe, entretanto, que o papel fundamental das instituições educacionais é a distribuição de conhecimento aos estudantes, alguns dos quais são mais "capazes" de adquiri-lo por causa dos dons culturais que advêm "naturalmente" de sua posição de classe, raça ou gênero. Entretanto, essa teoria deixa de compreender o papel da universidade na produção de um tipo particular de capital cultural, o conhecimento técnico/administrativo. A produção dessa "mercadoria" constitui cada vez mais o negócio de muitas universidades, embora muitos dos debates em relação ao *corpus* de conhecimento que deveria ser ensinado na universidade, em relação ao que conta como "tradição", parecem ainda supor que o único papel que as universidades exercem é o de distribuir conhecimento (de preferência após desconstruí-lo e depois reconstruí-lo com os estudantes) (APPLE, 1985, 1990). Essa concepção perde de vista a questão estrutural.

Uma economia capitalista avançada exige a produção de altos níveis de conhecimento técnico/administrativo por causa da competição econômica nacional e internacional e para se tornar mais sofisticada na maximização de oportunidades para a expansão econômica, para o controle cultural e comunicativo e para a racionalização. Dentro de certos limites, o que se exige na realidade não é a distribuição generalizada desse tipo de conhecimento de alto *status* à população em geral. O que se exige é maximizar sua produção (APPLE, 1989).

Assim, existe uma complexa relação entre a acumulação de capital econômico e cultural. Isso significa que não é essencial que todos tenham conhecimento técnico/administrativo sofisticado em suas cabeças, por assim dizer. Assim, é menos importante que você ou eu ou um número considerável de nossos estudantes tenha esse tipo de conhecimento do que ter altos níveis de formas crescentemente sofisticadas desse conhecimento, disponíveis para o uso.

Falando de forma ampla, o conhecimento técnico/administrativo é essencial nas economias industriais avançadas. A forma pela qual ele é empregado em nossa economia, entretanto, é o fator crítico. Dado o enorme crescimento no volume de produção e a transformação em sua organização e controle, tem havido uma necessidade concomitante de um crescimento rápido na quantidade e tipos de informação técnica e administrativa. Isto se liga com o contínuo crescimento na necessidade da "pesquisa de mercado" e da pesquisa de relações humanas que cada firma exige para aumentar a taxa de acumulação e o controle do local de trabalho. Tudo isso precisa da produção de informação através de máquinas (assim como também a produção de máquinas mais eficientes). Esses produtos – a mercadoria do conhecimento – podem ser não materiais no sentido tradicional desse termo, mas não há dúvida de que eles são produtos economicamente essenciais. Quando acrescentamos a isso o enorme papel que as indústrias relacionadas com a defesa têm exercido na acumulação empresarial, o papel crescente do *agri-business* na monopolização capitalista das indústrias e tecnologias de alimento, e assim por diante, a importância desse tipo de capital cultural aumenta.

Em sua análise da história da relação entre ciência, tecnologia, instituições educacionais e indústria, David Noble (1977) já argumentava que o controle da produção de capital cultural técnico é uma parte essencial da estratégia industrial. O capital precisa de controle não apenas dos mercados e de equipamentos e instalações produtivas, mas também da ciência:

> Inicialmente este monopólio sobre a ciência assumiu a forma de controle de patentes – isto é, o controle sobre os produtos da tecnologia científica. Tornou-se depois controle sobre o próprio processo da produção científica, através da pesquisa industrial organizada e regulada. Finalmente, veio a incluir o controle sobre os pré-requisitos sociais desse processo: o desenvolvimento de ins-

tituições necessárias para a produção tanto de conhecimento científico quanto de pessoas com conhecimento e a integração dessas instituições ao sistema capitalista da indústria baseada na ciência. "A revolução técnico-científica", disse Braverman, "não pode ser compreendida em sua totalidade como um modo de produção no qual a ciência e a engenharia exaustiva foram incorporadas como parte do funcionamento ordinário. Por isso a inovação não está na química (na biogenética), na eletrônica, na maquinaria automática... ou em qualquer dos produtos dessas tecnologias-ciências, mas antes na transformação da própria ciência em capital (NOBLE, 1977: 6).

Assim, como argumentei mais extensamente em outro local, enquanto a indústria ligava-se cada vez mais à divisão, controle e substituição do trabalho e às inovações técnicas, se quisesse expandir seus mercados, produtos e consumo precisava garantir uma acumulação relativamente constante de dois tipos de capital: econômico e cultural. Essas necessidades exigiam uma influência muito maior no local em que tanto agentes quanto conhecimento são produzidos – a universidade (APPLE, 1985).

A afirmação anterior de Noble sobre a importância do controle de patentes ilumina um ponto crítico, pois é aqui que podemos ver uma área na qual a acumulação de conhecimento técnico exerce um papel econômico significativo. Controlar a produção de conhecimento técnico é importante para a produção sistemática de patentes e para a monopolização do mercado. Enquanto um objetivo primário de boa parte da pesquisa industrial é encontrar soluções técnicas para os problemas imediatos de produção, a questão mais ampla da organização e controle da produção de conhecimento é essencial caso se queira "antecipar as tendências inventivas e abocanhar patentes para manter aberta a via do progresso técnico e da expansão comercial" (NOBLE, 1977: 128). O controle de aspectos principais da ciência e do conhecimento técnico é obtido através do uso do monopólio de patentes e da organização e reorganização da vida universitária (e especificamente de seus currículos e de sua pesquisa). Assim, como mostra Noble outra vez, a indústria e suas ideologias exerceram e continuam a exercer um papel excepcionalmente importante em estabelecer (mas não em determinar) os limites estruturais sobre os tipos de currículos e práticas pedagógicas considerados apropriados para uma parte significativa da vida da universidade e dos institutos técnicos. Dada a crise econômica que atualmente atravessamos, devemos esperar uma influência ainda maior dos interesses (múltiplos e algumas vezes contraditórios, naturalmente) do capital no futuro, especialmente dada a construção neoliberal, pela administração Clinton, de uma política industrial na qual tantos aspectos do Estado e do capital (assim como outros aspectos da sociedade civil) quanto possíveis devem ser integrados em modelos de planejamento racional para obter uma "economia mais reestruturada e competitiva para o século 21".

Assim, com o passo dado pela administração Clinton em direção a um modelo capitalista de política industrial, veremos sem dúvida mais integração entre as universidades e os objetivos econômicos mais amplos. Os efeitos disso sobre qual conhecimento é considerado mais importante, se posso parafrasear Spencer, será crucial.

Henry Louis Taylor Jr. expressa isso de forma sucinta na seguinte citação, onde ele indica quais serão alguns dos perdedores dessas políticas:

> A luta para obter financiamento para a pesquisa, para edifícios e equipamentos e para novos e melhores programas obrigou a universidade a se adaptar cada vez mais às prioridades das empresas, das fundações, do governo e de outros doadores da elite. Uma nova união emergiu, na qual o comércio, a indústria e o governo federal são os principais parceiros da universidade. No nível local, isto significa que recursos, humanos e materiais, foram despejados em programas de pesquisa e serviços para a elite empresarial. De fato, na maioria dos campi os recursos destinados a esses programas acarretaram a redução dos recursos para programas que tivessem o objetivo de lidar com os problemas de áreas urbanas degradadas. Isso é também um reflexo do fato de que o dinheiro disponível para a pesquisa de questões sociais de interesse do comércio e da indústria é muito maior que o dinheiro disponível para a pesquisa sobre

questões locais de interesse dos negros, hispânicos e de trabalhadores brancos (GATES, 1992: 21).

Os argumentos de Noble e de Gates são, naturalmente, relativamente economicistas e essencialistas. Eles não levam em consideração as atividades relativamente autônomas das universidades nem a micropolítica da ciência e de seus praticantes. Eles também ignoram as lutas que estão ocorrendo nas "bases", por assim dizer. Entretanto, eles propiciam uma compreensão essencial do processo pelo qual o conhecimento de alto *status* é produzido numa época de crise econômica e fiscal do Estado.

Eles nos ajudam a reconhecer que as universidades estão presas numa contradição estrutural entre a tarefa de distribuir conhecimento e a de maximizar sua produção. À medida que a lógica institucional em torno do processo de mercantilização incorpora, cada vez mais, as atividades de pesquisa e de ensino cotidianas à sua órbita, a ênfase se desloca para a última enquanto ao mesmo tempo tenta limitar a primeira a apenas àquele conhecimento que é economicamente "essencial" ou a deslocar outras formas de discurso, mais radicais, para as margens. Essas outras formas se tornam, coletivamente, lentamente, o "Outro" institucionalizado.

Assim, cada vez mais, nesse processo, aquilo que é percebido como sendo conhecimento útil recebe o *imprimatur* institucional. Qualquer outra coisa está bem se você puder obtê-la, mas não é considerada importante (Os neoconservadores, entretanto, sabem que não é bem assim. Eles compreendem que a luta em torno da cultura e da consciência é essencial. É por isso que a questão da linguagem, da memória coletiva e da forma como "nomeamos o mundo" é vista por eles como tão importante) (APPLE, 1993).

Naturalmente, estou falando de forma muito geral. Esse não é um processo tranquilo e racional. Existem lutas em relação a isso – em relação a qual conhecimento é considerado conhecimento de alto *status*, em relação ao papel do Estado em apoiar sua produção. Há lutas também no interior das instituições de ensino superior tanto em relação às razões pelas quais essas formas particulares de conhecimento devem receber a maior parte dos recursos quanto em relação às hierarquias de *status* relativamente autônomas dentro do campo social da academia, hierarquias sobre as quais Bourdieu, por exemplo, tem sido tão perceptivo (BOURDIEU, 1988). Ao invés disso, estou apontando para as tendências gerais, tendências que, estou certo, têm um impacto sobre cada um de nós sob variadas formas – sobre o financiamento para a pesquisa e bolsas, sobre a distribuição de novas posições docentes e, mais que ocasionalmente, sobre decisões a respeito de permanências e demissões de docentes e de pessoal administrativo das universidades.

Estarão nossos/as futuros/as estudantes em melhor situação?

Tentei, até aqui, fazer um esboço de minhas intuições sobre as contradições e as dinâmicas em torno da economia política do conhecimento de alto *status* na academia, num período de crise econômica. Naturalmente, as relações culturais e de autoridade concomitantes têm suas dinâmicas e lutas (em parte) independentes, à medida em que presenciamos cotidianamente guerras culturais em nossas instituições. Discuti essas questões sobre a política cultural daquilo que conta como conhecimento oficial na história, na linguagem, na literatura, nas artes, em muito mais profundidade em outro local e não pretendo repetir essa discussão aqui (APPLE, 1993; APPLE, s.d.). Em vez disso, quero voltar-me brevemente para alguns dos elementos da reconstrução que está ocorrendo no nível das escolas elementares e secundárias em todo o país e discutir o que isso significa para aquilo que os estudantes realmente esperam de sua educação superior.

Ao mesmo tempo que presenciamos a firme transformação de qual conhecimento será convertido em capital na universidade – a complexa conversão de capital cultural em capital econômico[3] – existem coisas similares ocorrendo em outros níveis de

---

3. Não quero romantizar essa história. As universidades não tiveram uma mítica "idade áurea" na qual estiveram separadas dos interesses do comércio e da indústria ou de outras elites. Na verdade, exatamente o contrário é verdadeiro. Cf. por exemplo, Barrow (1990).

nossas instituições educacionais. Essas coisas podem ter efeitos importantes sobre nossos estudantes. Entre as mais importantes está a questão de saber se uma grande parte de nossos futuros estudantes em instituições de ensino superior verá qualquer coisa de errada com a mercantilização do conhecimento para benefício privado. Trata-se de uma questão complexa, envolvendo a formação de subjetividade(s) dos estudantes. Mas talvez alguns exemplos do que está ocorrendo em nossas escolas médias e secundárias possam ajudar a iluminar alguns dos perigos que estamos correndo.

Volto-me para esse exemplo porque uma das questões mais cruciais que enfrentamos é a de saber como serão nossos estudantes – o que eles saberão e conhecerão, que valores terão – quando chegarem ao ensino superior. Por causa disso, é absolutamente essencial que, além de nossas instituições de educação superior, focalizemos as escolas elementares e secundárias.

No nível de nossas escolas elementares e secundárias, os esforços de reforma curricular mais organizados e mais bem financiados estão sendo desenvolvidos em torno de propostas curriculares nacionais de Matemática e Ciências. E embora a administração Clinton tenha proposto colocar as Artes no mesmo nível que matérias mais "básicas" tais como as Ciências e a Matemática, isso tem um efeito mais retórico do que de aplicação efetiva, especialmente tendo em vista o fato de que muitos distritos escolares tal como o de Los Angeles estão tendo que eliminar a educação artística e demitir professores de arte em todos os níveis. Coisas similares estão ocorrendo também em outras áreas curriculares, "menos essenciais".

Para tomar apenas um exemplo, em História é Diane Ravitch e seus colegas conservadores que fornecem o esboço para os livros didáticos de estudos sociais na Califórnia. Assim, por causa do papel predominante dos livros didáticos na determinação do currículo oficial nas escolas estadunidenses e por causa do fato de que quase todas as editoras publicarão tão somente aquilo que vender em estados como Califórnia e Texas (uma vez que esses estados constituem os maiores e mais garantidos mercados), a perspectiva de História que a grande maioria dos estudantes receberá será uma narrativa de progresso relativamente autolaudatório, vista através dos olhos dos grupos dominantes (APPLE, 1988, 1993; APPLE & CHRISTIAN-SMITH, 1991).

Entretanto, os cortes em programas específicos de humanidades e a reasserção de certas narrativas, embora importantes, não chegam a cobrir a gama inteira de transformações que estamos testemunhando. Deixem-me dar um exemplo que acredito ser o melhor.

Está sendo construída agora uma nova geração de "relações cooperativas" entre a educação e a indústria. Entre as mais "interessantes" está algo que muitos de vocês podem não saber muito a respeito. É chamado *Canal Um*. O *Canal Um* é um programa de notícias de televisão comercialmente produzido que é transmitido para milhares de escolas nos Estados Unidos. Sua descrição é muito simples: dez minutos de "notícias" nacionais e internacionais além de dois minutos de comerciais produzidos muito habilmente pela Whittle Communications – um dos maiores editores de material para "audiências cativas" no mundo – e transmitidos diretamente para as salas de aula.

Em pagamento pelo uso de uma antena parabólica (a qual pode receber apenas o *Canal Um*), dois reprodutores de vídeo e monitores de televisão para cada sala de aula, as escolas assinam um contrato garantindo que, num período de três a cinco anos, noventa por cento dos estudantes assistirão à sua transmissão nas escolas, durante 90% do tempo. O cumprimento dessa cláusula é controlado. Para muitos distritos escolares cronicamente pobres, e cada vez mais para um bom número de distritos mais ricos, a crise fiscal é tão severa que os livros didáticos são usados até que literalmente estejam todos rasgados. Porões, armários, quadras esportivas e qualquer espaço "disponível" são usados para aulas. Professores/as são demitidos/as, assim como orientadoras/es e pessoal administrativo. Programas de arte, música e línguas estrangeiras são retirados do currículo. Em algumas cidades, os problemas econômicos são tão grandes que será impossível para as escolas permanecerem abertas durante todo o período letivo. No contexto de uma tal crise financeira, e no contexto da estratégia retórica usada pela Whittle Communications de que o conhecimento do mundo ajudará os estudantes a obterem emprego e a tornar nossa nação mais competitiva internacionalmente (os comerciais do *Canal Um*, por exemplo, observam que alguns estudantes pensam que Chernobyl é o nome verdadeiro da cantora Cher ou que as pastilhas de silício são uma espécie de tira-gosto), as escolas através de toda a nação estão vendo o *Canal Um* como uma forma tanto de ensinar "conhecimentos importantes" quanto de ajudar a resolver seus problemas de orçamento.

No livro *Official Knowledge* (APPLE, 1993), analisei as estratégias que a Whittle empregou como retórica de justificação, as formas pelas quais o *Canal Um* entra nas salas de aula, as contradições em seu conteúdo e na organização das "notícias" – seus códigos linguísticos, suas construções do Outro, etc. – e o que professores/as e estudantes realmente fazem com isso. O que é importante aqui é que para entre 35 e 40 por cento de todos/as os/as estudantes das escolas médias e secundárias do país, nós vendemos nossas crianças como uma audiência cativa para os anunciantes. Os próprios estudantes são posicionados como consumidores e mercantilizados e comprados como audiência cativa para as empresas que queiram gastar seu dinheiro em comerciais para o *Canal Um*.

É verdade que estudantes e professores/as algumas vezes se envolvem num "carnaval" com o material do *Canal Um*, especialmente com os comerciais. Eles/elas ignoram as notícias e prestam atenção aos comerciais, às vezes brincando com eles, de uma forma que Bakhtin apreciaria. Contudo, uma vez mais, nossas instituições educacionais estão sendo reconstruídas como um local para a geração de lucro. Os estudantes serão membros daquela audiência cativa por muitos anos. Sua experiência cotidiana – seu senso comum – terá sido formada em torno da transformação do conhecimento (e de si próprios) num local para a produção de lucro. Para aqueles educados num ambiente assim, aquilo que está acontecendo nas universidades não parecerá tão estranho assim. Dessa forma, por que estamos tão surpresos que definições particulares de conhecimento, centradas no conhecimento economicamente útil, dominem cada vez mais nossas instituições de ensino superior, quando estamos, neste exato momento, vendendo nossos/as estudantes nas escolas médias e secundárias?

Conclusão

Poderia dizer muito mais aqui, pois apenas fiquei na superfície de tendências emergentes em direção à mercantilização e privatização que a educação está enfrentando. Meu principal argumento, entretanto, é o de nos acautelar, de corrigir uma tendência presente entre nossos "mais avançados teóricos" de marginalizar nossas preocupações com a economia política e com as relações de classe. Não é para nos fazer reavivar grandes narrativas anteriores, cuja "vontade de saber" era, ela própria, mais do que problemática, que levanto esses pontos. É para nos fazer lembrar que se trata ainda do capitalismo e isso faz uma diferença em nossas vidas cotidianas e nas vidas não apenas daqueles/as estudantes que já estão na universidade, mas também daqueles/as que logo estarão. Ignorar as complexas relações entre o capital cultural e o capital econômico não tornará a situação mais fácil. O mundo pode ser um texto, mas alguns grupos parecem ser capazes de escrever suas sentenças sobre nossas vidas com mais facilidade que outros*.

Referências

APPLE, M.W. *Official knowledge*: Democratic education in a conservative age. Nova York: Routledge, 1993.

_____. Education, culture and class power. *Educational Theory*, 42, 1992, p. 127-145.

_____. *Ideology and curriculum*. 2. ed. Nova York: Routledge, 1990.

_____. *Teachers and texts* – A political economy of class and gender relations in education. Nova York: Routledge, 1988.

---

* Este trabalho foi inicialmente publicado na revista *Curriculum Studies*, 1(3), 1993, p. 301-316. Publicado aqui com a autorização do autor.

_____. *Education and power*. Nova York: Routledge, 1985 (Edição brasileira: *Educação e poder*. Porto Alegre: Artes Médicas, 1989).

_____. *The politics of official knowledge*: does a national curriculum make sense? Teachers College Record [s.d.].

APPE, M.W. & CHRISTIAN-SMITH, L. (orgs.). *The politics of the textbook*. Nova York: Routledge, 1991.

BARROW, C. *Universities and the capitalist state*. Madison: University of Wisconsin Press, 1990.

BASTIAN, A.; FRUCHTER, N.; GITTELL, M.; GREER, C. & HASKINS, K. *Choosing equality*. Philadelphia: Temple University Press, 1986.

BEST, S. & KELLNER, D. *Postmodern theory*. Londres, Macmillan, 1991.

BOURDIEU, P. & PASSERON, J.-C. *Reproduction in education, society and culture*. Beverly Hills: Sage, 1977.

BOURDIEU, P. *Homo Academicus*. Stanford: Stanford University Press, 1988.

_____. Distinction. Cambridge: Harvard University Press, 1984.

CLARKE, J. *New times and old enemies*. Londres: Harpe Collins, 1991.

EDUCATION GROUP II (orgs.). *Education limited*. Londres: Unwin Hyman, 1991.

EDWARDS, T., GEWIRTZ, S. & WHITTY, G. Whose choice of schools? In: Madeleine Arnot & Len Barton (orgs.). *Voicing concerns*. Cambridge: Triangle Books, 1992.

GATES JR., H.L. "Redefining the relationship: the urban university and the city in the 21st century". *Universities and Community Schools*, 3, 1992, p. 17-22.

GREEN, A. *The peculiarities of english education*. In: Education Group II (orgs.). Education Limited. Londres: Unwin Hyman, 1991.

HONDERICH, T. *Conservatism*. Boulder: Westview Press, 1990.

HUNTER, A. *Children in the service of conservatism*. Madison: University of Wisconsin-Madison Law School/Institute for Legal Studies, 1988.

JOHNSON, R. *A new road to serfdom*. In: Education Group II (orgs.). Education Limited. Londres: Unwin Hyman, 1991.

NOBLE, D. *America by design*. Nova York: Alfred A. Knopf, 1977.

Conecte-se conosco:

f facebook.com/editoravozes

⌾ @editoravozes

🐦 @editora_vozes

▶ youtube.com/editoravozes

🟢 +55 24 2233-9033

www.vozes.com.br

Conheça nossas lojas:
www.livrariavozes.com.br

Belo Horizonte – Brasília – Campinas – Cuiabá – Curitiba
Fortaleza – Juiz de Fora – Petrópolis – Recife – São Paulo

EDITORA VOZES LTDA.
Rua Frei Luís, 100 – Centro – Cep 25689-900 – Petrópolis, RJ
Tel.: (24) 2233-9000 – E-mail: vendas@vozes.com.br